괜찮은 인생을 살고 싶어

괜찮은 인생을 살고 싶어

신서윤 에세이

한 솔

[책을 펴내며]

괜찮은 인생을 살고 싶었다. 괜찮음의 기준은 천차만별일 테며, 괜찮은 인생이라고 정의 내리기에는 무수히 모호한 표현들이 스쳐간다. 아직 서른여덟의 나이지만 곧 다가올 마흔에, 쉰에, 그리고 예순쯤 되어 돌아봤을 때 "그래도 괜찮은 인생을 살았구나!"라고 느끼고 싶은 게 나의 답이다. 하루하루 흘러가기만 하는 소중한 시간이 너무나 아쉬워, 무엇이라도 잡고 싶었던 것이 솔직한 나의 답이다.

어릴 적 이야기부터 시작해 사회생활을 겪으며 마주한 관계, 결혼과 출산 후 워킹맘으로 고군분투했던 감정들, 그리고 힘들 때마다 항상 그 자리에서 지켜준 소중한 가족 이야기까지. 오로지 나만의 생각으로 적어두고 싶었다.

그렇게 괜찮은 인생을 살고 싶었던 나는, 아이의 초등학교 입학을 빌미로 6개월이라는 시간의 휴직을 냈다. 하고 싶은 것들을 찾다가 우연히 청주시 직지협회에서 운영하는 글쓰기 수업을 들을 수 있었고, 수업에서 만난 이윤경 선생님의 칭찬과 응원으로 그동안 하고 싶었던 이야기들로 글을 쓸 수 있었다.

혼자서는 살아갈 수 없는 게 사람이다. 혼자만의 괜찮은 인생이 아니라, 주변의 소중한 사람들을 비롯해 나와 같은 시기를 겪거나 혹은 준비하며 살아갈 이름 모를 많은 사람에게 조금이나마 위안이 될 수 있는 메시지를 전달하고 싶다.

그래서 나는 많은 사람이 괜찮아지기를 바라는 마음으로 글을 썼다.

ps. 책 속에 등장하는 만두씨와 미니만두씨는 저의 남편과 아들을 칭합니다. 남편의 어릴 적 별명이 만두였고, 아빠를 똑 닮은 아들은 자연스레 미니만두씨가 되었습니다.

| 차례 |

▫ 책을 펴내며   04

● chapter 1. 나의 더 좋은 상어와 고래

휴직을 결정했다	10
이랬다저랬다 요지경	14
나의 더 좋은 상어와 고래	17
여섯 살에게 배운다	20
식물이 주는 위로	23
워킹맘	26
세상으로 나갈 수 있는 날개	30
잘 살고 있는 걸까?	34
관계를 착각하게 만드는 집착	37
과수원집 딸	40
녹음이 지나간 가을의 문턱에서	44
주말의 온도	47
아빠의 고향	50
엄마는 날다람쥐	53
여덟 살에 할 수 있는 일들	56
물냉면	60
사랑에 빠지는 빨간색	63
보름달에게 소원을	66

● chapter 2. 초승달을 기다리며

하루라는 시간	70
초승달을 기다리며	74
꽃들의 속삭임	77
화가 나는 이유	80
12월 31일	83
하고 싶은 것 찾기	87
내가 사는 집	92
친구라는 이름	96
삶에는 불쑥 찾아오는 휴강이 필요하다	100
베트남 아줌마	104
마음이 가는 사람과 가지 않는 사람	107
우리의 퇴근길	110
내일은 좋은 엄마가 되어 줄게	113
김치	117
좋은 곳에 데려가 줄게	120
딸 부잣집의 둘째 딸	123
별 일 없이 지나가는 하루에 감사를	126
결혼기념일	129

| 차례 |

● chapter 3. 미라클 모닝

1월에는 아프다	134
찬란한 소풍	139
청소의 기운	142
소중한 봄의 시간	145
사진으로 남기는 오늘의 기록	148
내가 문제라고 생각해	151
나에 대해 잘 안다는 것	155
온전한 휴식	159
캠핑, 소중함을 일깨워주는 시간	162
나의 강의	165
미라클 모닝	168
미라클 모닝을 하며 얻은 것	172
미라클 모닝을 하는 세 가지 방법	175

1

나의 더 좋은 상어와 고래

휴직을 결정했다

작고 동그랗게 완두콩 같던 아이가 자라 어느새 초등학교에 입학한다. 괜찮은 인생을 살고 싶었던 나는 아이의 입학과 함께 남겨두었던 휴직을 쓰기로 한다.

워킹맘으로 살아가면서 항상 어느 것 하나 제대로 하지 못한다는 생각에 휩싸이곤 했다. 가정도 육아도, 회사에서도 완벽하지는 못하지만, 스스로 어느 정도 내려놓고 살았기에 지금의 자리를 지키면서 살아올 수 있었다.

그러나 아이의 초등학교 입학은 나에게 많은 걸림돌이 생기기 시작했다. 이전까지는 어린이집을 마치면 아이는 할머니 집으로 하원을 해 저녁까지 얻어먹을 수 있었다. 덕분에 나의 워킹맘 생활도 어느 정도는 숨 쉴 구석이 있었다.

하지만 초등학교는 우리가 사는 집 바로 아래에 있기에, 더 이상 할머니 집까지 차량운행 해줄 학원을 찾을 수가 없었다. 혹자는 이렇게 말할 수도 있다. 요즘 같은 시대에 등하원 아이 돌보미를 알아보라고 하겠지만 그렇게까지 하고 싶지 않았다. 아이가 태어났을 때 남들보다 덜 쉬고 복직해 남아 있는 휴직이 있는데, 얼굴도 모르는 보모 할머니에게 아이를 맡긴다는 것이 내키지 않았고, 내 손으로 직접 아침밥도 정성들여 차려주고, 남들처럼 손잡고 등하교도 시켜주고 싶었다.

아이를 키우며 여러 우여곡절이 있었지만, 그때마다 엄마의 손길이 충분하지는 않았으리라. 그래서 나의 휴직은 어쩌면 몇 년 전부터 아이에 대한 미안한 마음의 모양새를 하고 일찍 준비하고 있던 터였다.

아이의 입학 지도가 우선이었지만, 오래전부터 휴직을 준비하면서 나 또한 생각이 많아지기 시작했다. 어떻게 보면 회사생활을 하며 다시는 누릴 수 없는 기회라는 생각이 들었다. 아이를 케어하는 것에 몰두할 수 없는 성격을 가졌기에, 휴직하기 전부터 생각해보았다. 내가 하고 싶은 것들은 무엇인지, 내가 잘할 수 있는 것들은 무엇인지, 오래 고민하며 계획을 세워 보았다.

내가 하고 싶은 것들을 적어 본다. 책 읽기, 글쓰기, 말하기, 공교롭게도 아이가 초등학교에 입학하여 곧 배울 것들이다. 아이의 배움과 함께 시작해야겠다는 긍정의 의미 부여를 하게 되는 순간이었다. 책이야 그동안 사놓고 쌓아두었던 것들 먼저 시작하면 된다. 그런데 글쓰기와 말하기는 어떻게 할 수 있을까? 목마른 사슴이 우물을 찾는다고 관심사가 바뀌기 시작하니 나는 온통 그것들을 찾기 시작했다.

뜻이 있는 곳에 길이 있다. 휴직을 한 달 정도 남겨둔 시점에서 지역 자체 프로그램인 '글쓰기 수업'을 찾았고, 내가 사는 동네 주민센터에서 '스마트폰 강의'를 할 수 있는 강사 모집 공고를 찾았다. 그때부터였는지, 나는 하루하루가 설레고 긴장되기 시작했다.

휴직의 시작과 함께, 매주 수요일에는 글쓰기 수업을 들을 수 있고, 금요일에는 평균연령 75세의 어르신들과 함께 스마트폰이라는 새로운 세상을 알려드리고 있다. 그리고 틈틈이 책을 읽고, 일주일에 서너 번은 '미라클 모닝'이라는 거창한 타이틀로 새벽 글쓰기의 값진 시간을 보내기도 한다.

운이 좋았다고 생각하다가, 미리 준비하고 생각한 만큼 나에게 주어진 휴직이라는 시간을, 내가 찾던 휴식으로 보낼 수 있음에 감사하다.

결국은 나를 알아차리고 나서 발을 내딛는 것이 전부라고 생각한다. 생각만 하다 그쳤던 시간을 수없이 보냈기에 지금 더욱 절실한지도 모르겠다. 책을 읽고, 글을 쓰고, 말하는 시간을 보낼 수 있는 지금의 소중함을 마주하기에, 휴직이 끝날 때는 아쉬움보다 뿌듯함과 감사함이 기다리고 있으리라 미루어 본다.

 휴직하고 어느덧 두 달이 흘렀다. 괜찮은 인생을 살고 싶어 결정한 나의 휴직이 이렇게나 잘 흘러가고 있다. 혼자만이 아닌 모든 사람이 괜찮은 인생을 찾았으면 한다. 그래서 나는 지금 괜찮아지기를 바라는 글을 쓰고 있다.

이랬다저랬다 요지경

휴직하고 어느덧 3개월이 흘렀다. 첫 달은 아이의 입학 스케줄만 맞춰 보냈고 둘째 달은 나를 찾기 위해 분주하게 보냈으며 셋째 달이 돼서야 흐름을 맞춰 갈 수 있는 안정감을 찾았다. 하루의 패턴과 일주일의 일정을 정해 놓고 대부분을 맞추어 계획대로 보낼 수 있는 시간에 감사해 본다.

휴직하기 전까지 나의 시간은 항상 분주하거나 정신없거나 하고 싶은 건 많지만 제대로 하는 것 없이 늘 바쁘기만 했다. 비단 나만의 문제는 아니었다. 같이 일하는 직원들 대부분이 그런 삶들을 살고 있었고 한 번씩 올라오는 감정에 대한 컨트롤이 어려워지는 건 일상다반사였다.

그러다 보니 사소함에 감사하는 일보다 누군가에게로 탓을 돌리는 환경에서 살아야 했다. 하루하루 새로운 상품들이 줄지어 쏟아지는 통신회사인 만큼 절대적인 숫자는 무시할 수 없었고, 늘 기준치 안에 들으려 애쓰며 금전적인 이득을 위해 설득하고 훈계해가며 때로는 꼰대들이 한다는 고지식한 틀 안에 갇힌 감정적인 소모에 늘 시달리고는 했다

 잘되면 제 탓이고 못되면 남 탓이었다. 잘될 때는 당연한 줄 알지만 못될 때 돌아올 남 탓을 하지 않기 위해 모두가 치열하게 살았다. 그러다 보면 어느 순간에는 스스로 정체성에도 혼란이 오기 시작한다. 나는 누구이며 여긴 어디인지, 내가 잘되기 위함인지 네가 잘되기 위함인지, 지금 하고 있는 일이 잘하고 있는 것인지 그릇된 것인지, 생각의 생각은 꼬리에 꼬리를 물고 만다. 3층 사무실 창문 앞 책상에서 시작되어 남들이 보기에 그럴싸한 겉모습의 회사 빌딩의 정문 앞까지, 기나긴 실타래를 늘어트린다.
 그렇게 또 나의 문제인 것 같다가도 너의 문제라고 탓을 하기 일쑤였다. 일희일비하며 감정 소모하지 말자는 말을 입버릇처럼 달고 살았지만, 사람을 상대하는 일들은 좀처럼 마음먹은 대로 되질 않았다. 내가 이 정도 했으면 너도 반 정도는 해줘야 하는데 그렇지 못한 관계가 나타날 때마다 애꿎은 감정선을 끌어 올리고, 결국 돌아오는 것은 **퇴**근하고 집으로 돌아와 긴 목마름에 따보는 캔 맥주 한 캔이 전부였다.

어른의 길은 어디쯤 있을까 고민해 본다. 별거 아닌 일에 오락가락하지 않고 나의 기준을 잡아 결승선까지 양쪽 선수의 선을 넘지 않고, 너무 빠르지도 느리지도 않도록 페이스에 맞춰 잘 달리고 싶다. 나의 문제인지 너의 문제인지를 탓하기 전에 그럴 수도 있지, 하며 넘길 수 있는 어른의 마음을 되새기며 살고 싶다.

그러려면 잘 살아야 한다. 많은 것을 가지려는 욕심보다는 가지고 있는 것에 만족하고 주어진 것에 감사하는 법을 연습해야 한다. 그렇게 연습의 하루하루가 모여 많은 날이 쌓이고 나면, 이랬다저랬다 요지경 세상 속이 아닌 비로소 내가 살고 싶은 괜찮은 인생을 살고 있을 것 같은 기대를 가져본다. 그래서 오늘의 나는 그 희망의 실타래를 풀어 멀리멀리 갈 수 있도록 아주 길게 늘어트려 본다.

나의 더 좋은 상어와 고래

 승진에서 미끄러졌다. 코끝 시려오는 계절이 되면 항상 조바심이 생기고는 했는데, 올해만큼은 평소에 드러내지 않던 욕심에, 갖은 애를 써가며 기대했던 탓인지 속상함과 서러움이 끝끝내 가셔지지 않는다.
 승진 누락으로 인한 첫 번째 애꿎은 화살은, 남편 만두씨에게로 돌아간다. 나보다 세 살 많은 만두씨와 나의 회사생활 경력은 크게 차이가 나지 않는다. 그런데 만두씨는 어느덧 회사에서 팀장이라는 역할을 맡고 밤을 새워가며 자기 계발을 열심히 하고 있다. 누가 봐도 성실히 사는 인생이라 모두의 응원을 받는 모습에 반면, 시간적인 여유 없이 살아가는 나의 워킹맘 이름표가 비교되어 내심 배가 아팠나 보다.
 그리고 이렇게 코끝 시린 계절이 돌아올 즈음에, 스스로 기대에 못

미치는 결과를 받고 나면 나는 괜히 만두씨를, 가정보다 본인의 만족을 위해 사는 이기적인 사람으로 몰아가 보곤 했다. 그러나 심성이 여린 만두씨는 나의 애꿎은 탓을 들어줘야지만, 추운 초겨울의 싸늘한 공기가 빨리 지나간다는 걸 어느새 터득한 모양이다. 그날 저녁도 싸늘한 공기 속의 조심스러운 위로가 흘러나오기 시작했는데, 만두씨를 똑 닮은 여섯 살 미니만두씨의 예상치 못한 위로의 질문이 시작되었다.

"엄마, 엄마는 요즘에 제일 힘들었던 일이 뭐야?"

"응? 엄마 요즘에 힘든 일 없는데? 너는 힘든 일이 있어?"

"아이, 그냥 솔직하게 말해도 돼. 엄마 요즘 힘든 일 있는 것 같은데 나한테 말해봐!"

"흠! 그럼 정말 솔직하게 말해도 될까? 사실 이번에 회사에서 친구들은 다 승진했는데 엄마만 승진을 못 해서 너무 속상하고 힘들었어."

고민하다 내뱉어버린 나의 속상함에 대해 여섯 살 꼬마는 뭐라고 답해줄지 걱정하며, 짧은 긴장감이 맴돌았다. 그리고 돌아온 미니만두씨의 예상치 못한 답변은, 나를 펑펑 울게 해 주었다.

"엄마, 그럼 이렇게 생각해 봐. 엄마랑 엄마 회사 친구들이 다 같이 바다에 빠졌는데 엄마 친구들만 구해주고 엄마는 구해주지 않은 거야."

"어? 그럼 엄마는 어떻게 해야 해?"

"연습이라고 생각하면 돼. 그리고 걱정하지 마. 엄마는 엄마 친구들보다 더 좋은 고래가 구하러 올지, 더 좋은 상어가 구하러 올지는 아무도 모르거든!"

여섯 살 꼬마의 눈동자 속에서 크고 멋진 고래와 상어가 헤엄쳐 갔다. 그 커다란 파도에 휩쓸리기라도 한 듯, 나는 참지 못하고 나의 서러움과 속상함을 꺼이꺼이 끌어내며 바닥까지 비워냈다. 고작 승진이 뭐라고, 나에게는 이렇게 따뜻하고 든든한 세상의 울타리가 있는데, 세 식구 도란도란 앉은 식탁 너머 창문에는 환한 보름달이 비춰 준다. 그리고 나에게 조용히 속삭여 준다. 이 모든 것이 과정이니 힘들어하지 말라고, 세상 누구보다 소중한 가족이 있으니 내일은 오늘보다 더욱 멋진 날이 될 것이라고!

여섯 살에게 배운다

여섯 살 미니만두씨에게는 배울 점이 많다. 말재주 또한 좋아서 풀리지 않는 고민이 있을 때면 장난삼아 해결책을 물어보고는 하는데, 그럴 때마다 명쾌한 답을 내려주고는 한다.

어김없이 바빴던 신제품 출시 시즌이었다. 거짓말 조금 보태서 화장실 갈 시간도 없이 의자에서 엉덩이 한 번 제대로 떼지 못한 채로 일을 마치고 나서야, 푹 쉬어버린 파김치가 되어 퇴근했다. 시댁에서 아이를 태워 집으로 가는 동안 오늘의 점심 메뉴며 사소한 근황을 물어보기조차 버거운 날이었다. 그래도 대화 없이 갈 수는 없으니 여섯 살 미니만두씨에게 어른의 투정이 시작된다.

"엄마 오늘 회사에서 일을 너무 많이 해서 힘이 하나도 없는데 어떡하지?"

반은 혼잣말처럼 큰 기대 없이 말을 해본다. 그런데 여섯 살 꼬마는 제법 심각한 표정을 짓는다.

"엄마, 내가 뭐 하나 알려줄까?"

"응, 뭔데?"

"잘 들어 봐 봐, 밥을 먹을 때 한꺼번에 많이 먹으면 체하지?"

"응, 한 번에 많이 먹으면 체하지"

"엄마, 일도 똑같은 거야. 일도 밥 먹는 것처럼 한꺼번에 많이 하면 체하는 거야. 그래서 엄마는 지금 일을 한꺼번에 많이 해서 체한 거야."

순간 이 아이가 여섯 살이 맞나 깜짝 놀랐지만 이어질 해결책이 궁금한 나는 놀란 표정을 뒤로 숨기며 최대한 자연스럽게 물어본다.

"어머나 그랬구나. 그럼 체하지 않게 하려면 어떡해야 될까?"

한 번쯤 얻어걸린 대답일 수도 있겠거니 하며 모른다는 답변만 피해 줬으면 좋겠다고 생각하고 마음속으로는 살짝 기대해 본다.

"엄마, 체하지 않는 방법은 엄청 쉬워. 바로 욕심내지 않고 천천히 먹는 거야. 그러니까 엄마도 욕심내지 않으면 돼."

뒤통수 한 대를 세게 얻어맞은 기분이었다. 과식하면 체하는 것은 세상사람 모두가 알고 있다. 나는 체할 걸 알면서도 왜 그리 미련하게도 일을 놓지 못하고 버거워했나 하는 생각이 머릿속을 스쳐 지나간다. 고작 이 여섯 살 꼬마도 체한다는 단어 하나를 가지고 이렇게

나 똑똑하게 표현해내고 있는 것을. 몇 초간의 충격적인 시간을 다급히 정리하고는 이내 다시 물음을 던져 본다.

"그럼 앞으로는 엄마가 체하지 않도록 나누어 일해야겠다. 그런데 이렇게 똑똑한 생각을 어떻게 하게 된 거야?"
"아, 이런 건 헬로카봇 만화영화에 다 나와. 엄마도 한번 봐 봐."

집으로 가는 마지막 대기 신호가 남았다. 여섯 살 꼬마는 의기양양한 표정으로 나를 바라보고는 씩 웃고 만다. 어른들의 때 묻은 걱정과는 다르게 얼마 되지 않은 여섯 살 인생은 잘 자라고 있다고 생각해 본다. 내일부터는 체하지 않는 방법을 연습해야겠다. 다가올 너의 일곱 살과 나의 서른일곱 살이 조금 더 포근해지기 위해.

식물이 주는 위로

가끔 한 번씩 집 가까이에 있는 화원에 간다. 갖가지 식물들이 서로 고운 자태를 뽐내며 저마다 예뻐해 주는 손길들을 서슴지 않고 기다린다. 고르고 고른 식물들을 집으로 데려와 듬뿍 물을 주고 햇볕 잘 드는 곳을 찾아 자리를 내어 준다. 그렇게 온종일 보고만 있어도 나의 시간은 따뜻해진다.

어릴 적 우리 집에 식물들이 자라기 시작한 시기는, 아마도 지겹던 셋살이를 벗어나 단층 주택을 사서 이사를 하면서였다. 작고 볼품없던 단층 주택이지만 그곳에는 옥상이 있었고, 아빠가 꼼꼼하게도 칠해 놓은 초록색 대문 옆 계단을 밟고 올라가면 집보다는 훨씬 넓어 보이는 공간이 나타났다. 엄마와 아빠는 그곳에 갖가지 채소와 과일, 꽃나무도 심어 가며 어쩌면 가장 힘들었을 시기를 버티셨는지 모른다.

그 옥상에는 솜씨 좋은 아빠 덕분에 야무진 평상이 생겨났고, 나는 그 평상에서 많은 시간을 보냈다. 구구단을 외울 때도, 글짓기 숙제할 때도, 친구가 없던 날에도 나는 평상에 누워서 높고 파란 하늘을 이불 삼았다. 옥상에 심어진 갖가지 식물들을 하나하나 바라보는 날들이 일상이 되어 이어져갔다.

그러다 해 질 녘이 되면 엄마는 밥을 짓기 시작한다. 찌개가 보글보글 끓어 가면 엄마는 옥상에서 노는 나에게 저녁거리 채소들을 주문하곤 한다. 청양고추 다섯 개, 오이 두 개, 상추 스무 잎, 평소에 아빠가 일러준 대로 가지가 꺾이지 않도록 꼭지를 잘 비틀어 딴다. 아홉 살 어린 손놀림 뒤에는 미안함이 숨겨져 있다. 열심히 키워 냈는데 매번 따가기만 하는 게 미안하다며 청양고추, 오이, 상추에게 심심한 위로를 전했다.

부모님 집이 아닌 내 집에 식물들의 자리가 생겨난 건, 평생을 살아도 좋을 만한 집으로 이사를 하고 나서였다. 엄마 아빠가 어린 시절 단층 주택으로 이사했을 때의 마음과 같았는지, 나는 자연스레 식물들을 들이기 시작했다. 가는 곳마다 살 수 있었던 고무나무를 시작해 알로카시아, 몬스테라, 스타피필름, 페페로미아, 유칼립투스, 레몬밤, 보스턴 고사리, 그리고 아이가 매년 식목일이면 가져오곤 했던 귀여운 방울토마토와 앙증맞은 딸기나무까지, 식물을 들이는 일은 나에게 그냥 지나치기만 할 수 있었던 일상에 소소한 행복이 되어 주었다.

 폴폴이, 풀풀이, 고구미, 아이의 천진난만한 작명으로 장미허브에서는 젤리 향이 폴폴 나서 폴폴이가 되었고, 유칼립투스에서는 코가 시원해지는 향이 풀풀 나서 풀풀이가 되었다. 처음 들였던 구근 식물인 히아신스는 고구마를 닮아 점 하나 빠진 고구미가 되었다. 그리스 로마 신화에 등장하는 아폴론의 마음도 모른 채, 어여쁜 꽃을 피우기도 전에 지어진 아이의 작명으로 조금은 미안해지기도 했다.

 주말 아침이 돌아오면, 집 안 곳곳에 자리 잡은 식물들을 한자리에 모아 시원한 물줄기를 가득 뿌려 준다. 커피를 한 잔 내려 화분에 물이 빠지기를 기다렸다가 햇볕 잘 드는 창가 앞 새로운 자리를 마련해 준다. 그렇게 햇볕 아래 초록의 기운을 바라보고 있으면, 한 주간 몰아쳤던 고단함과 미움들이 햇볕 아래 녹아내린다.

 초록을 비추는 햇볕의 시간으로 마음이 따뜻해진다. 이제야 엄마의 마음을 알 것 같다. 고작 물을 주고 볕 좋은 자리만 내주었을 뿐인데, 초록의 식물들은 나에게 "괜찮다, 괜찮다" 하며 마음을 정화 시키고 커다란 위로를 주니 말이다.

워킹맘

"엄마, 다른 친구들은 다 엄마가 데리러 오는데, 나는 왜 매일 할머니, 할아버지가 데리러 오는 거야?" 아이가 네 살쯤 처음으로 물어보는 질문에 너무나도 현실적인 답변을 해주고 말았다. "엄마도 회사에 안 다니고 다른 엄마들처럼 집에 있고 싶긴 한데 그러면 맛있는 간식도 조금밖에 못 사주고, 갖고 싶은 장난감도 사줄 수 없을 텐데 괜찮겠어?" 당연히 그래도 된다고 할 줄 알았던 나의 예상과는 다른 대답이 돌아온다. "아니야, 아니야. 지금처럼 할머니, 할아버지가 데리러 와도 돼. 엄마 회사 다녀." 콩알만 한 녀석도 그새 세상을 알아차렸다는 안도감 바로 뒤에 쓸쓸함과 미안함이 흘러갔다.

예고 없던 회식이 잡힌 날이었다. 다행히 남편이 일찍 끝날 수 있다고 하여 회식에 동참할 수 있다며 자신 있게 말했다. 삼겹살, 곱창,

치맥, 이자카야, 하나만 택하기란 어려운 호불호 없는 메뉴들이 직원들 틈에서 이리저리 자리를 찾는다. 오랜만에 편한 마음으로 적당히 먹고 들어가서 푹 자고 싶다는 생각으로 잠시 들떠 있는데, 갑자기 어머님 전화가 왔다. "어린이집 갔다 온 뒤로 힘없이 처지더니 열이 엄청 나. 병원에 가야 할 것 같은데 어쩌니~."

당연히 나는 아이를 데리고 병원에 가야 할 것을 알지만, 알겠다는 나의 대답이 이어지기 전까지, 수화기 너머 짧은 적막이 잠시 흐른다. 회식의 참석을 취소하고야 만다. 아이가 아프면 왜 엄마만 챙겨야 하는지에 대한 화풀이가 또 애꿎은 남편에게로 쏟아진다.

기침과 열이 잡히지 않아 처음으로 입원했다. 혈관이 보이지 않아 몇 번의 주사로 양쪽 팔과 손등을 들쑤셔 놓은 탓에, 금방이라도 베일 것만 같은 날카로운 종잇장처럼 예민함이 하늘을 찔렀다. 3일 정도 입원해야 한다는 말에, 내가 회사를 이틀 쉴 테니 남편에게는 하루만 쉬어 달라고 했다. 하필 남편은 회사의 새로운 프로젝트 참여하게 되었다고 한다.

예민함이 극에 달하는 나의 눈치를 보며 남편이 제안한 것은, 어머님 아버님께 부탁을 드리는 일이다. 형님네 아이들까지 도맡아 봐주시는 어머님 아버님께 차마 말이 떨어지지 않아, 이틀만 쉬겠다고 했던 연차를 하루 더 늘렸다.

그렇게 회사 일은 가득 쌓여갔고, 상사들의 아쉬운 말 또한 오고

갔으리라 추측할 수밖에 없는 복잡한 마음과 함께, 3박 4일의 입원 기간 아픈 아이 곁에서 무수히 많은 생각들이 흘러갔다.

낙엽이 지고 코끝 시려오는 계절이 오면 언젠가부터 회의감에 사로잡히고는 한다. 회사에서는 아이를 키우는 엄마가 아닌 똑같은 직원으로 항상 열심히 한다고 하는데, 평가 결과가 나오고 나면 늘상 뒷전이다. 우스갯소리로 남자가 1번, 미혼 여자가 2번, 애가 없는 기혼자는 3번, 워킹맘은 순번이 없다고 할 정도다. 한탄을 드러내기에는 자격지심이라는 단어로 되돌아오는 것을 알고 있기에, 마음속으로만 삭히고 코끝 시린 계절이 지나기까지 원망과 자책을 반복하다 보면 다시 새로운 해가 돌아오고, 순번 없는 희망 고문이 시작되는 연속의 날 들이었다.

돈을 벌기 위해, 결국은 더 나은 삶을 위해 내가 선택한 현실이라는 것을 알고 있다. 힘들었던 순간들을 보상받고자 하지 않는다. 나의 이런 삶 또한 누군가에게는 그저 부러운 사치라는 것도 알고 있다.

다가올 미래를 위해 버티는 연습이라고 생각한다. 순간의 버팀들이 쌓이고 쌓이면 어느 날 즈음에는 워킹맘으로 살았던 치열했던 시간이 그리워지는 날이 오기 마련일 테다. 워킹맘에게는 오늘도 어김없이 고된 하루의 시작과 끝이 기다리고 있다. 그리워지는 날들이 되기 전에 한마디면 족하다. "덕분에 고마워"라는 여섯 글자이면 족하다.

세상으로 나갈 수 있는 날개

초등학교 입학을 하고 두 달이 흘렀다. 이제는 등하교를 제법 혼자 씩씩하게 하는 모습에 대견하기도 뭉클하기도 한다. 여느 때와 다름없이 학교에서 돌아와 가방 정리하는데, 노란색 상장이 들어있다. 반 아이들의 투표로 얻은 '모범 어린이 표창장'이었다.

아이가 태어나고 15개월의 육아휴직을 쓰고 복직했다. 세상에 태어나 나만 바라보던 아이를 두고 출근하는 일은 오랫동안 마음 한편이 아려오는 일이었다. 두 돌이 채 지나지 않은 새 학기에 맞춰 어린이집을 보내기 시작했다. 예상과 다르게 아무렇지 않게 등원해 밥도 잘 먹고 낮잠도 잤다고 한다. 안도의 숨을 내쉬려는 찰나 등원 3일 차 만에 세상의 첫 두려움과 불안이 터지고야 만다. 그렇게 나도 엄마들이 겪는 등원 전쟁이 시작되었다.

조기출근을 해야 하는 날이었다. 평소보다 한 시간 정도 일찍 일어나 출근 준비를 끝내고 서둘러 아이를 깨웠다. 워낙에 아침잠이 많았기에 깨우는 과정부터 순탄치 않을 것을 예상했지만 그날따라 배는 힘들었고, 한 시간을 미리 깨웠으니 당연히 심기가 불편했으리라. 끝날 줄 모르는 칭얼거림과 짜증으로 번진 아침 전쟁 덕분에 조기출근은 결국 포기하게 되었다.

세 살 때 시작된 등원 전쟁은 다섯 살이 꽉 찰 때까지 이틀 걸러 한 번씩 나왔고, 최대한 아침 컨디션을 맞춰줘야 한다는 깨달음을 얻었다. 그때부터인지 최대한 아이의 비위를 맞춰주기 시작했다. 그러나 나도 일하는 워킹맘 인지라 매번 그러지는 못한 것은 숨길 수가 없다.

그러다 남편이 장기 출장을 가게 되었다. 평소 아이와의 놀이는 아빠가 주로 해줬던 것이 문제였는지, 아이는 갑자기 다소 불안한 증상을 보이기 시작했다. 말로만 듣던 틱이라는 증상과 유사해 보이는 순간, 나는 억장이 무너진다는 말을 실감하게 되었다.

몇 날 며칠을 밤마다 숨죽여 울었다. 아빠의 빈자리가 아이에게는 불안이었을까 하는 생각에 부족한 엄마인 스스로 탓하게 되었고, 아빠의 자리를 채워야겠다는 생각이 들어 아빠랑만 했던 놀이를 어색하게 흉내 내며 억지로라도 웃음소리를 만들었다.

그리고 잠들기 전 대화를 시작했다. 육아 책에서 읽었던 내용이 떠

올라 아이의 말에 공감하기 위한 공감하는 척을 시작했다. 그런데 갑자기 아이가 눈물을 터트린다. 엄마가 내 마음을 알아줘서 고맙다며 눈물을 흘리는 것이 아닌가? 최대한 평정심을 잡으려 노력했지만, 결국 그날 밤 아이를 안고 한참을 같이 울고야 말았다.

그 이후로 아이는 잠들기 전 엄마 아빠와 이야기하는 것을 좋아하게 되었다. 특별한 내용은 없지만, 그날 있었던 이야기를 주로 하면서 습관처럼 공감의 말을 이어가는 게 아이는 좋았던 것 같다. 그러다 보니 어느새 아이는 또래 남자아이들과는 조금 다르게, 집 밖에서 있던 이야기를 하루도 거르지 않고 자연스럽게 이야기해준다. 나는 그 모습이 너무나 고마워서 한마디라도 더 들으려 공감하고 또 공감해 준다.

두려움이 많고 다소 예민한 성격이라 초등학교 입학 생활에 잘 적응 할 수 있을지 걱정이 많았다. 내가 육아휴직을 쓴 첫 번째 이유이기도 하다. 입학 후 얼마 되지 않아 학부모 면담을 했는데, 나의 예상과는 다르게 진중해 보이는 선생님은 쉴 새 없는 칭찬을 해주셨다. 모든 학부모에게 대하는 태도이겠거니 생각하고 말았는데, 학교생활 두 달 만에 '모범 어린이 표창장'을 받아오다니, 또 한 번 뭉클한 마음이 든다.

교과서 같은 말일 수 있겠지만, 아이는 공감이라는 마음을 먹고 자란다. 나는 공감하는 척을 빨리 터득해 아이에게 그럴싸한 마음을 심어 줄 수 있었다고 생각한다. 아이가 세상은 행복하다는 것을 알고 하루하루 행복하게 느끼며 자랐으면 한다. 그래서 오늘도 아이의 의견을 먼저 물어보는 척을 해주고, 시답지 않은 말에도 공감해 주는 척을 한다. 어쩌면 아이의 시선에서는 세상에서 가장 의지하는 엄마 아빠가 나의 이야기를 들어주고 공감해 주는 것이야말로, 세상으로 나갈 수 있는 가장 큰 날개를 달아주는 최고의 선물일지도 모른다.

잘 살고 있는 걸까?

하고 싶은 것도 많고, 배우고 싶은 것도 많고, 바라는 것도 많고, 이루고 싶은 것도 많은 나는 과연 잘 살고 있는 걸까? 생각을 가끔 해본다. 나라는 사람은 어떤 사람인지에 대해 생각하다 보면 그 생각은 꼬리에 꼬리를 물어 저 멀리 가로수길 끝자락의 나무 꼭대기까지 바람에 실려 가고는 한다.

나는 네 살 때까지 말을 하지 못했다고 한다. 걱정된 엄마는 병원을 찾았지만 아무 이상 없으니 그냥 기다려 줘야 한다는 답변을 받았다고 한다. 그렇게 남들보다 늦게 트인 말문은 자라는 동안에도 남들보다 느렸고 걸음걸이 또한 한 발 짝씩 늦었다. 다행히 성장 과정에 있어 좋은 친구들을 사귀면서 느렸던 말도 걸음걸이도 친구들과 같은 속도로 나아졌고 성인이 되고 나서는 말하는 직업을 갖게 되었을 정도로 유창한 걸 보면, 그 당시 엄마가 찾아갔던 병원 선생님의 처방이 틀리지 않았다고 생각한다.

때때로 생각해본다. 어릴 적 남들 말할 때 하지 못했던 말들이 못내 아쉬워 지금 꺼내며 살고 있는지, 사람들 앞에서 과하다 싶은 정도로 말을 많이 하고는 하는데 과연 그 많은 말들을 내뱉으며 나는 잘 살고 있는 것인지 생각한다.

지금의 나는 '할 말은 하고 살자'라는 주의다. 불의를 참지 못하기도 한다. 나만의 기준이 아닌 일반적인 상식의 수준에서 어긋나는 상황은 그냥 지켜보기가 어렵다. 나이가 많건 적건 아닌 건 아니라고 생각한다. 직장생활을 하면서 제일 싫어했던 부류는 강한 사람 앞에서는 약하고, 약한 사람 앞에서는 강한 사람이다. 사람들은 불편한 자리를 만들고 싶지 않아 그러려니 하고 넘어가기 일쑤다. 하지만 나는 그러려니가 불편하다. 그래서 나는 강한 사람 앞에서는 강하고 약한 사람 앞에서는 약하게 살고 있다. 비단 나 혼자만 느끼는 기준일 수 있겠으며 나를 거친 몇몇 사람들은 이런 나를 불편해할지도 모른다. 그래도 어쩔 수 없다. 모든 사람들이 나를 좋아해 줄 수 없기에 나도 모든 사람들을 이해해 주고 좋아해 줄 수는 없으니 말이다. 이런 나는 그래서 잘 살고 있는 걸까?

강강 약약, 내가 생각한 판단이 잘못된 결과를 초래할지도 모를 상황은 분명 생길 수 있다. 그래도 괜찮다. 세상살이에 휩쓸리거나 넘어져도 내가 선택한 길이니 다시 중심을 잡고 일어설 수 있는 용기가 있으리라. 때로는 괜찮은지 버거운지 두드려 볼 수 있고 다시 한 번 나아갈 수 있는 마음만 지켜내며 살고 있다면 그걸로 충분하다. 그걸로 이미 잘 살고 있단다. 나는!

관계를 착각하게 만드는 집착

"나는 모든 사람에게 좋은 사람일 수 없으며, 모든 사람 또한 나를 좋아해 주지 않는다"라는 말은 언젠가부터 디폴트(default) 값으로 머릿속에 저장되어 있다. 그렇기에 관계에 집착하는 사람들을 볼 때면 당장이라도 붙잡고 앉아, 그러지 말라는 조언을 해주고 싶은 안타까운 마음이 들고는 한다.

세상에서 가장 어려운 것, 사람 사이의 관계라고 생각한다. 돈이 많거나 없거나, 일이 잘되거나 잘되지 않을 때도 사람 사이의 관계가 큰 작용을 한다. 전적으로 나를 믿어주고 진심 어린 응원을 해주는 사람들만 있다면 상관이 없겠지만, 세상은 나와 같은 생각의 사람보다 그렇지 않은 사람들이 더 많다.

그렇기에 사람 사이 관계에 대한 욕심은 반 정도는 내려놓고 살 때가 가장 편하다고 생각하는데, 사람들은 그 경계를 잊고 서로의 관계를 집착으로 물들이고는 한다. 관계에 집착하는 사람의 대부분은 자존감이 낮은 경우가 많다. 스스로에 대한 기대치가 낮기에 미래를 계획하거나 발전하려는 움직임 또한 적다. 그러다보면 내가 아닌 주변 관계에 의존하게 되고 집착이 생겨나기 마련이다.

  나보다 항상 가족이 먼저였다고 말하는 사람들, 가족을 위해 참고 포기하며 항상 희생 속에 살았다는 사람들, 당연히 그렇게 살 수밖에 없는 상황이었을지 모르겠다. 하지만 희생으로 가족들은 과연 더 빛이 났을까? 그 희생을 온전히 느끼며 고맙다는 피드백을 받을 수 있을까? 가까운 사이일수록 상대방의 희생을 인지하지 못하며 살아가는 것이 현실이다. 가족뿐만이 아니라 친구 사이도 연인 사이도 마찬가지일 테다.
  무서운 것은 관계가 어긋날 때다. 나는 너를 위해 참고 희생했고 나보다는 우리가 먼저였다고, 그래야 행복해질 줄 알았다는 많은 이들의 안타까움, 배려와 희생은 어디까지나 스스로의 기준일 뿐이라, 내가 아닌 상대방은 언젠가부터는 당연함으로 생각하고 마는 결론을 낳게 되며, 그 결론은 상처로 이어지고 만다.

  평생 움켜쥘 수 있는 관계는 없다. 친구도 연인도 하물며 가족도 언젠가는 모두 떠나기 마련이다. 그러니 희생이 필요한 관계라고 생각한다면 어디까지나 내가 감내할 수 있는 수준에서 해야 한다. 자발적인 희생의 보답을 바라지 말아야 하고 동시에 포기하지도 않아야 한다. 나보다 우리가 먼저이면 안 된다. 내가 먼저 행복해야 그 속에 있는 우리까지 행복해질 수 있다.

관계에 대한 집착을 내려놓고 나를 찾아야 한다. 한 번 사는 인생은 오로지 나의 인생이기에, 주변에 둘러싸여 있는 얽히고설킨 것들에 모든 것을 내주고 희생하며 살지 말자. 쉽지 않을 것이다. 어쩌면 가장 어려운 방법일 수 있겠으나, 내가 원하는 방향을 찾고 나서 한 발짝 물러선 다음 관계를 다독이자.

과수원집 딸

봄이 지나고 초록빛 짙은 여름이 시작되면 나는 분주해지기 시작한다. 365일 중 360일을 과수원으로 출퇴근하는 아빠를 보면, 고작 더운 여름 날씨를 불평하는 것은 어느새 나에게는 사치가 되었기 때문이다.

십여 년 전이었다. 여느 때와 다름없이 회사에서 일하고 있는데, 웬일인지 아빠에게 전화가 왔다. "복숭아 재배 책을 좀 구해야 하는데, 서점에 가도 없고 도서관에 가서 찾아도 안 보이는데, 인터넷으로 구해볼 수 있겠니?" 한창 일 중독으로 살아가던 시절이라 아빠의 주문이 달갑지는 않았다. 그러나 아빠가 나에게 구체적인 주문을 하는 경우를 손에 꼽을 정도였던 터라, 알겠다는 대답과 함께 복숭아 재배 책을 찾아보기 시작했다.

아빠는 목수이셨고, 집에 문제가 생기면 고쳐주고 하는 설비를 오래 해오셨다. 집을 짓고 고치는 일을 해오던 아빠에게는 농사라는 최종의 목표가 있었으며, 할아버지가 유일하게 남겨주신 황무지와 다름없는 산 아래 길쭉한 밭이 있었다. 복숭아 재배 책이 도착하고 나서 아빠는 그 책이 너덜너덜해질 때까지 공부해가며 2년 정도를 황무지의 땅을 직접 일구며 준비하셨다. 목수였기에 쉴 수 있는 통나무집 또한 뚝딱뚝딱 만들어 내셨다.

여름이 되면 맛 좋은 복숭아를 실컷 먹을 수 있는 과수원집 딸이 되었다. 주변에서 복숭아를 사고 싶다는 주문이 종종 있었지만, 이미 경매시장에서 좋은 값을 받고 있었고, 직접 나르며 돈 계산까지 하고 싶지 않아 마다하기 일쑤였다.

그렇게 몇 해가 잘 흘러가고 있었다. 이번에는 엄마의 다급한 전화가 걸려 왔다. "올해 복숭아 값이 너무 떨어져서, 아빠가 속상해서 경매시장에 팔고 싶지 않다는데."

그동안 크게 미동이 없던 나였는데 이대로는 안 되겠다 싶었다. 서당개 삼 년이면 풍월을 읊는다고 했고, 배운 게 도둑질이라고 했다. 마케팅부라는 곳에서 10년 가까이 일 해온 나에게, 복숭아를 팔아보는 일은 두렵지 않게 시작할 수 있었다.

호기롭게 시작한 일이었으니 두려울 것이 없었다. 아빠가 회사로 복숭아를 실어다 주면 평일에는 퇴근과 함께 열 박스 정도 배달해 주었고, 주말이면 빈틈이 보이지 않을 정도로 복숭아 박스를 꽉꽉 채워 하루에 50박스씩, 주말 동안 100박스씩 나르곤 했다. 꼼꼼하다면 빠지지 않는 나인데, 아빠는 나보다 한 수 위며 철저한 원칙주의자였으니, 맛과 모양만큼은 어디 내놔도 자신 있는데 맛보여줄 기회가 없는 게 아쉬워, 직접 집 앞까지 가져다주자고 생각을 했던 터였다.

　주말이면 5킬로씩 되는 복숭아 박스를 종일 실어 내리는 딸이 안쓰러웠나 보다. "너희들 키우면서 남들처럼 제대로 해준 게 하나 없는데, 아빠 도와준다고 쉬지도 못하고 이렇게 고생해서 마음이 좋지 않아, 미안해." 무뚝뚝한 아빠의 진심 담긴 말 한마디에 눈물이 핑 돈다. 애써 참으며 말을 이어 갔다. "아빠는 일 년 내내 과수원에 살면서 고생하는데, 이까짓 건 고생 축에도 못 끼지. 당연히 해야지 어떻게 안 해? 내가 할 수 있는 만큼만 하니까 괜찮아." 그리고서는 붉어지는 눈시울이 들킬까 서둘러 과수원을 빠져나왔다.

　한 해를 발품 팔아 보내고 나니 다음 해, 그다음 해의 복숭아는 점점 인기가 높아졌다. 이제는 특별한 경우를 빼고는 배달하지 않는다. 전국 각지에서 몰려드는 주문이 시작된 만큼 과수원의 일이 바빠졌다는 뜻이기도 하다. 복숭아를 따기 시작하면 온 가족이 과수원으로 매달린다. 각기 맡은 역할을 잘 해내고 어떻게 해야 더 잘할 수 있는지 모색하는 일은 당연시되었다.

그렇게 여름이 시작되면, 평소에는 한 달에 한 번이나 할까 하는 아빠와의 통화가 하루 열 통화는 기본으로 늘어난다. 나는 주문, 발주, 홍보, 마케팅까지 모든 역할을 통틀어 하는 관점이지만, 아빠는 원칙주의자인 농부의 입장만을 내세우곤 한다. 아빠랑 나는 잘 해내고 싶어 여름만큼은 많이 싸운다. 열 번을 싸우면 아홉 번은 이기고 마는 못된 딸이지만.

우체국 아저씨, 시골 동네 어르신들, 아빠의 친구들이 과수원으로 다녀가는 날에는 아빠는 종일 미소가 떠나질 않는다. 주고받는 대화는 매번 똑같은 내용으로 흘러간다. "어쩜 이렇게 딸들을 잘 키우셨어. 아주 든든하시겠어요." 매번 듣는 질문에도 질리지 않는 모양인지 아빠도 매번 똑같은 답을 하신다. "억지로 시켜서는 절대 안 할 텐데, 지들이 회사 다니고 바쁘면서도 알아서 도와주고 하니까 그게 고마운 거지. 나는 아무것도 못 해주고 키웠는데 그게 제일 미안해."

아빠의 묵묵한 세 계절이 비로소 지나고 나면, 아기 엉덩이 같이 탐스러운 복숭아들이 주렁주렁 뽐을 낸다. 매번 아무것도 해주지 못하고 키웠다는 아빠의 말이 거짓이라는 것을 나는 알고 있다, 탐스러운 복숭아를 키우기 위해 아빠는 눈이 내리는 한겨울에도 복숭아나무를 살피고 한 그루 한 그루 짚옷을 입혀준다. 눈이 내리는 한겨울에도 따뜻한 온기를 지키고 싶어 먼지 묻은 외투 속에 꽁꽁 숨겨오던, 아빠의 붕어빵 한 봉지를 기억하니 말이다.

녹음이 지나간 가을의 문턱에서

짙었던 녹음이 간다. 거실 통창 너머로 보이는 사이좋은 논들은 어느덧 가을옷을 꺼내 갈아입을 채비를 한다. 녹음과 금빛 사이에 걸린 이 계절이 참 좋다.

과수원의 마지막 복숭아가 떨어지고 나면 분주했던 여름을 놓아주는 계절이 온다. 아빠의 과수원 일을 도와가며 복숭아 판매를 시작하고 나서부터는 여름이 다가오는 것도 잠시, 더 큰 부담감을 안고 길다면 길고 짧다면 짧은 한 계절을 보내고는 한다.

그렇게 치열한 여름을 누구보다 열심히 보내고 나면 쉴 수 있다는 안도감과 함께 약간은 공허한 마음이 한 번씩 들고는 하는데, 몇 년 전 그 해는 생각보다 길었던 힘듦을 거치기도 했다. 여름만 지나기를 바라며 연초부터 손꼽아 기다리던 해외여행도 다녀왔는데 이상하게도 마음은 지칠 대로 지쳐 있었다.

   시간을 내어 보고 싶던 영화도 보고 사고 싶었던 책들도 샀다. 나를 위한 위로를 하는 시간을 쏟고는 집으로 돌아와 소파가 아닌 바닥에 누워본다. 푸르른 하늘이 눈에 들어온다. 몽글몽글 피어난 구름이 잔잔한 바람에 맞춰 아무도 없는 하늘길에 고요히 흘러간다. 그렇게 단잠을 잤다.
   긴장 속에 살던 마음이 풀어지기 시작했다. 한껏 느슨해진 몸을 일으켜 세우니 바닥에 누워 잠들었던 근육들이 아프다.

   초록이 가득했던 창 너머 논가에는 어느덧 노랑 물감을 풀어 초록도 노랑도 아닌 중간의 색으로 섞여가고 있다. 푸르른 하늘길에 고요히 불던 바람이 성실히 익어간 벼에게 수고했다는 위로를 보낸다. 볏잎들은 그저 제 할 일 했을 뿐이라며 이미 숙여 있는 고개를 한 뼘 더 숙이고 만다.
   덥지도 춥지도 않은 딱 기분 좋은 바람이다. 푸르렀던 하늘의 색도 붉게 물들이는 고마운 바람이다. 그렇게 붉게 물든 해 질 녘의 하늘은, 산 너머 집으로 퇴근할 둥그스름한 해를 조금이라도 더 잡아 본다.

   기분 좋은 바람이 조금 더 길게 불었으면 좋겠다. 덥지도 춥지도 않은 바람이 불면, 황금빛 물이 든 논둑에는 출렁출렁 반짝이는 벼들의 춤사위를 볼 수 있을 테고, 해 질 녘 하늘은 빨강 물감을 조금 더 섞어, 더욱 짙어진 붉은색으로 물드는 계절이 시작될 테다.

그러고 나면 버거웠던 여름의 마음을 흘려보내고, 조금 더 여유롭고 조금 더 포근해지는 깊음이 생길 것을 이미 나는 알고 있다.

주말의 온도

숙취가 없는 주말 아침을 좋아한다. 부족하지 않을 잠을 채우고 일어나면 평일 때처럼 먼저 해달라며 기다리는 일들이 없다. 아이를 챙겨야 하는 일도 밥을 짓고 청소해야 하는 일도 아무도 먼저 해달라고 하지 않는 주말의 아침이야말로 소중한 이틀을 잘 보내기 위해 꼭 필요한 시간이다.

아이가 태어나기 전의 우리의 주말은 거기서 거기였다. 하대의 표현일 수도 있겠지만 치열한 직장생활을 핑계로 불금, 불토라는 단어들은 항상 우리 곁을 맴돌았고 한창 즐길 나이였으니 저녁부터 새벽까지 달리는 주말의 시간은 당연시되었다. 열심히 달리면 그다음 날의 반나절은 꼬박 사라진다. 숙취로 가득한 신혼집은 저녁이 되어 다시 살아났고 그렇게 또 마시고 나면 일요일의 반나절도 당연히 없어지고는 했다. 그때는 몰랐다. 그렇게 먹고 노는 것이 즐겁게 잘 사는 줄 알았으니 말이다.

바라고 바라던 아이가 태어나고 나서야 우리의 주말은 달라지기 시작했다. 이른 아침에 출근해 늦은 저녁이 되어 돌아오는 평일에 할 수 없는 것을 하기 위해, 주말의 계획을 세우는 날들이 늘어나기 시작했고, 일주일에 하루만큼은 바깥의 공기를 맡고 바깥의 세상을 보여주는 일들은, 우리에게 있어 좋은 부모가 되는 방법이기도 했다.

다행히 나와 남편의 주말의 가치는 같은 방향으로 흘러갔고 주말만큼은 세 식구가 함께하는 시간을 채워 나갔다. 그래서인지 어느덧 아이도 주말을 계획하고는 하는데 주로 먹고 싶은 메뉴를 정하는 일들이 많다. "엄마, 우리 이번 주말에 맛있는 거 먹을까?", "주말 저녁이니까 식탁 말고 바닥에 상 펴고 과자도 먹고 과일도 먹을까?"

아이도 함께하는 주말의 시간을 기다리는 것이다. 출근하고 등원해야 하는 평일은 어쩔 수 없어도 주말에는 먹고 싶은 맛있는 음식을 먹고, 치우기 편한 식탁이 아니라 거실 바닥에 작은 교자상을 펴고 앉아 소파에 등을 기댄 채로 엄마 아빠와 함께 게임도 하고 퀴즈도 맞추며 좋아하는 과일에 불량스러운 과자도 실컷 먹는 주말이 좋은 시간으로 만들어진 것이다.

휴직하고 나서의 주말도 달라질 것은 없었다. 평일은 각자의 바쁜 스케줄 소화하고 주말이 되어 온전히 함께하는 시간이 찾아오기에 토요일인 오늘은 느지막이 외곽의 산성을 가기로 한다. 산성 길을 한 바퀴 돌고 청국장에 도토리묵에 파전과 함께 즐기는 막걸리 한 잔을 위해 택시를 타고 가는 방법은 거른 적이 없고, 해가 어둡게 내려앉고 나서야 집으로 돌아올 모습이 그려진다.

  집으로 돌아와 주말의 밤이 아쉬우니, 세 식구 거실 바닥에 조그마한 교자상을 펴고 둘러앉아, 좋아하는 과일에 과자를 잔뜩 꺼내놓고 아이가 이길 수 있도록 제법 연기가 필요한 게임과 퀴즈를 맞히고는 할 테다. 누구 하나 아쉽지 않은 함께 할 수 있는 따뜻한 주말의 온도를 가득 채우기 위해.

아빠의 고향

아빠의 고향에는 쪼르르 개울물이 흘러간다. 아직은 차가운 3월의 개울물 속에는 바위틈 사이마다 다슬기가 붙어 있고 제법 날쌘 송사리 떼도 헤엄쳐 간다. 그 옆 축사에는 얼룩빼기 황소들이 젖소들 틈 사이로 드문드문 보이고 그 앞에는 갖가지 작물들의 비옥한 터전이 펼쳐진다. 그리고 성격 좋아 보이는 야트막한 산새가 온 동네를 휘감고 있는 아빠의 고향이다.

아빠의 고향은 청주시 미원면 어느 작은 시골 마을이다. 마당이 커다란 시골집에서 다섯 명의 고모들 틈 속 유일한 아들이었던 아빠는 배불리 먹지는 못해도 다섯 누이들의 따뜻한 사랑을 받으며 자라났다.

어릴 적 언니와 나는 방학이 되곤 하면 아빠가 자라난 시골집에서 할머니의 사랑으로 여름을 보내고 겨울을 보냈다. 방학이 시작되고 우리가 시골집에 도착하는 날은 할머니의 손이 분주하다. 갓 지은 가마솥 밥에 두부와 호박을 듬성듬성 썰어 넣고 짭짤한 새우젓이 한 움큼 들어간 된장찌개를 끓이고, 먹기 좋은 크기로 맵지 않게 볶아낸 고추장 불고기에 텃밭에서 뜯어온 손바닥만 한 상추가 한가득 올려진 밥상을 차려 내느라 할머니의 부엌은 희뿌연 연기를 쉴 새 없이 뿜어낸다.

시골에서의 하루는 새벽 이웃집 닭들이 울어대면서 시작이 된다. 눈도 제대로 뜨지 못한 채로 아침을 먹고는 했는데 할머니의 아침상 끝에는 언제나 구수한 숭늉이 있었다. 가마솥에 불을 지펴 밥을 뜨고 나면 조롱박에 꽉 채운 물 한 바가지를 가득 부어 노릇하게 달라붙은 밥알들을 거둬낸다. 가끔은 쓴맛이 솔솔 올라오기도 하지만 숭늉까지 마셔야 소화가 잘된다는 할머니의 말을 언제나 철석같이 믿었다.
아침을 먹고 나면 할머니는 집안일로 우리는 밖으로 놀러 다니기 바빴는데, 시골에는 다행히도 또래 친구들이 몇 있어 우리는 그 틈바구니에 섞여, 여름에는 개울가로 겨울에는 눈 덮인 동산을 찾아다니며 시간을 보내고는 했다.

야트막한 동산 아래로 해가 넘어가면, 밥 짓는 연기가 나고 아이늘을 불러댄다. 할머니도 우리의 이름을 연신 불러가며 저녁의 때를 알린다. 할머니의 밥상은 언제나 정성이 가득했고 우리의 방학은 포동포동 살이 오른다. 이른 저녁을 먹고 다 같이 TV 앞에 있다 보면 슬금슬금 허기가 찾아온다. 겨울방학의 그 시간이 좋았다. 할머니는 온기 없는 뒷방에서 다홍빛 홍시를 꺼내오거나, 그 시절 안방에 하나씩은 자리 잡고 있던 화로에 고구마를 구워 준다. 그리고 그것도 아닌 날에는 커피포트에 보글보글 물을 끓이고 엄마가 시집올 때 해왔다는 휘황찬란한 커피잔을 꺼내 고소한 율무차를 내어준다.

시골집에서 할머니와 함께 보내는 방학은 외롭거나 힘들지 않았다. 누구보다 치열하고 열심히 살고 있을 아들 내외를 위해, 엄마 아빠를 떠나 어색한 시골집에서 지낼 손녀딸들을 위해 할머니는 고기반찬을 만들고 아껴두었던 다락방의 과자를 꺼내준다. 오 일에 한 번 열리는 장날이면 누르스름한 종이에 기름을 잔뜩 뺀 닭튀김을 사와 하나하나 살을 발라 어린 새 같은 손녀들의 입에 넣어준다.

아빠의 고향은 어느새 앵두 같던 두 딸의 고향이 되어 주었다. 개울이 흐르고 얼룩빼기 황소가 울고 기름진 논밭에 인심 좋은 동산이 있는 곳, 지금도 그 시골집을 찾아가면 나를 강아지라고 불러주는 둥글둥글 인자한 할머니가 버선발로 달려 나올 것 같은 곳, 아빠의 고향에는 우리를 포근히 안아주던 할머니의 마음이 있다.

엄마는 날다람쥐

5월의 막바지 주말. 복숭아 과수원의 봉지 씌우기 작업이 한창이라 가족들 몇몇이 모였다. 몸을 쓰는 일에는 젬병인 나는 사다리에서 떨어질 뻔한 경험을 하고는 아빠가 손수 지어 놓은 통나무집에서 놀랐던 마음을 잠시 추스르고 있었다. 엄마는 그런 내가 안쓰러워 보였는지 사다리에 올라가지 말고 점심 채비나 하라며 일러줬다.

점심 메뉴가 닭볶음탕인 것 외에는 아는 것이 없었다. 밥통은 있는데 쌀은 어디에 있는지, 식기는 어디에 있는지, 냉장고에서 반찬은 무얼 꺼내야 하는지, 도통 알 수가 없어 두리번거리고 있을 때였다. 엄마는 내가 그러고 있을 것을 예상했다는 듯이 다시 돌아와 냉장고에서 쌀을 꺼내 씻어 안치고 휴대용 가스레인지를 꺼내 닭볶음탕을 냄비를 올렸다. 그리고서는 달랑 두 칸짜리 싱크대 장을 열어 수저통과 식기들을 꺼냈다.

닭볶음탕이 끓여지는 동안 엄마는 과수원 옆 텃밭에서 상추와 깻잎, 부추를 듬성듬성 뜯어와 졸졸 흐르는 수돗물에 씻어 손으로 대강 찢어 넣고는 고춧가루와 소금을 넣고 설탕과 참기름을 조금씩 두른다. 순식간에 보기만 해도 군침이 맴도는 겉절이를 뚝딱 만들어 낸다.

엄마의 빠른 손으로 만들어진 밥상은 언제나 그랬듯 인기가 많았고 바로 비워졌다. 아직 마음이 가시지 않은 나는 사다리에 올라가기 겁이 나 설거지를 한다고 했고 아빠가 타주는 믹스커피 한 잔만 마시고 바로 할 심상이었다. 그러다 아빠랑 대화가 좀 이어지는 사이 엄마는 내가 할 설거지를 마치고 뽀얀 행주로 그릇들을 닦아 다시 싱크대 장에 넣어두고는 과수원으로 향했다. 나로서는 순식간에 벌어진 일이라 이렇다 저렇다 할 새가 없었다.

빠르지 않았으면 배는 더 힘들었을 것이다. 딸만 내리 넷을 낳고 아들까지 오 남매를 키워온 엄마에게 게으름은 허락되지 않았으리라. 그러고 보면 거의 30년이 넘는 시간 동안 엄마는 매일 아침 아이들의 밥상을 차리고 저녁에는 무얼 먹어야 할지 고민해가며, 한 번씩은 직접 만드는 유과에 도넛에 색색의 경단까지도, 해 먹이는 일에 누구보다도 진심으로 살아왔을 것이다.

잠시 쉴 겨를도 없이 엄마는 다시 사다리를 타고 복숭아나무 꼭대기까지 올라가 한 알 한 알 빠른 손놀림으로 봉지를 씌운다. 꼭대기 작업이 끝나면 총총 계단을 내려와 옆 나무로 사다리를 옮겨 곧바로 다시 올라간다. 아빠가 한 그루의 나무를 작업하는 동안 엄마는 두 그루 이상을 끝내고는 하는데, 철딱서니 없이 멀리 서서 그 모습을 보고 있자니 마치 귀여운 날다람쥐가 생각난다.

곧 있으면 칠순이 가까워지는 나이지만 엄마는 아직 귀여운 날다람쥐다. 누구보다 힘들었을 시기에도 가족들을 살뜰히 챙기고, 공부는 중요하지 않다며 단 한 번도 성적에 대한 잔소리 없이 자식들이 하고 싶다는 대로 묵묵히 응원해주는 엄마, 그러면서 틈틈이 짬을 내어 본인 인생도 열심히 살아가는 엄마!

이제야 엄마의 날다람쥐 같은 행복한 모습을 오래오래 지켜주고 싶다. 엄마가 평생을 그래왔듯 이제는 우리가 더 살뜰히 챙겨주려 한다. 누구보다 고단하게 살아왔을 날다람쥐의 부지런함 덕분에, 어느새 우리 오 남매도 엄마의 모습으로 물들어 하루하루를 열심히 살아가는 힘을 얻고 있다.

여덟 살에 할 수 있는 일들

아이가 초등학교 입학을 하고 두 달이 흘렀다. 마냥 어리게만 보이던 아이는 봐주지 않아도 어느덧 혼자서 잠을 자고 꺼내준 옷을 단추까지 잠그며 차려입고 학교 준비물을 빠트리지 않고 챙긴다. 가끔 일이 있어 외출한 사이에 학교를 마치고 혼자서 집으로 오는 날에는 외투는 옷장에 걸고 손발을 씻고 좋아하는 잠옷을 꺼내 입고 갈아입은 옷은 세탁기에 넣고 먹고 싶은 간식을 쟁반에 옮겨 닮아 야무지게 젓가락으로 먹고는 깨끗하게 싱크대에 치워두기까지 한다.

두려움 많고 내성적인 아이라 처음 겪는 일에는 시작하기 전까지 남들보다 많은 시간이 들고는 했다. 나를 닮은 성향을 맞춰줄 사람은 나밖에 없기에 다그치기보다는 이해해주고 설득하는 방법을 찾기 위해 하루하루 애쓴 날들이 많았다. 그런데 막상 시작하고 나서는 실패

하는 경우가 없었는데 그 모습을 보고 있자니, 넘어지지 않으려고 항상 충분한 준비를 하고 나서야 시작한다는 것을 알게 되었다. 때로는 버거운 날도 많지만 두려움 가득한 세상에 나가는 방법을 잘 알고 있는 것 같아 감사하다.

나 또한 그랬다. 나의 여덟 살은 두려움으로 가득 찼던 밤의 시간이었다. 단층 주택으로 이사 가고 얼마 되지 않았던 날이었다. 나는 여느 때와 다름없이 학교에서 돌아와 작은방에 엎드려 숙제하고 있었는데 학교에 있을 언니가 갑자기 마당에서 나를 힘겹게 부르는 것이 아닌가. 나는 곧바로 왜 이렇게 일찍 왔냐는 질문을 던졌는데 신기하게도 언니의 모습은 순식간에 사라졌다. 헛것을 봤다고 하기에는 너무 어린 나이라 믿어줄 사람이 없으리라 생각했다. 그리고 언니는 연분홍 코사지 달린 흰색의 투피스를 입고 있었으니 말이다.

아빠와 먼저 저녁을 먹고는 안방에 걸려있던 긴 거울을 보며 나는 왜 이렇게 심심하게 생겼을까, 하는 생각을 하고 있었다. 그러는 사이 어두운 밤이 되고 나서야 엄마가 현관문을 열고 들어오는데 표정이 어두웠다. 정확히 말하면 무섭고 심각한 표정이었다. 이윽고 엄마는 언니가 교통사고가 나서 병원 응급실에 있다고 말했다. 거울을 보고 있던 나는 가슴속에 커다란 돌멩이가 저 아래로 쿵 하고 떨어지는 기분이었다.

서둘러 채비하고 엄마를 따라 아빠와 나는 언니가 있는 응급실로 향했다. 초등학교 4학년이었던 언니는 또래보다 체구가 작고 말랐었는데 그 작은 몸이 버틸 수 없을 정도로 성한 곳이 없었다. 평소에 말수가 없던 나는 언니를 보자마자 눈물이 뚝뚝 흐르고 만다. 상처투성이의 얼굴이 된 언니는 울지 말라며 나를 챙겨준다. 병원 사람들이 엄마 아빠에게 속삭인다. 살아있는 게 천운이라고.

학교가 끝나고 합창단 연습을 가기 위해 파란불이 되자마자 뛰어가던 언니는 신호를 보지 못하고 속도를 내던 택시에 받혀 50미터를 날아갔다고 한다. 사고가 난 곳은 천변 도로였고 천만다행으로 개나리가 줄지어 서 있던 넝쿨로 떨어지는 바람에 살 수 있었다고 한다. 키도 작고 살도 없어 30킬로그램도 채 되지 않았던 언니의 왼쪽 다리는 부러져 차디찬 철심을 박는 수술을 해야 했고, 그렇게 두 달이 넘는 병원 생활을 했다.

엄마는 언니의 병간호를 위해 식당 일을 쉬어야 했고 나는 엄마와 언니의 빈자리를 온전히 느껴가며 아빠에게 숙제를 물어보고 아빠에게 머리를 묶어달라고 해야 했다. 언니가 입원한 이후로 학교가 끝나면 나는 매일 언니가 있는 병원으로 찾아갔고 거기서 같이 밥도 먹고 숙제도 하고 깜깜한 밤이 되고 나서야 집으로 돌아오고는 했다.

돌아오는 밤이 무서웠다. 깜깜한 밤을 무서워하는 나를 위해 언니는 목발을 짚고 병원을 나와 한참까지 나를 데려다주고 내가 보이지 않을 때까지 지켜보고는 했다. 그래봐야 언니는 열 한 살이었고 나는 고작 여덟 살이었다. 지금 생각해보면 말도 안 되는 일들이지만 그렇게 우리는 서로를 의지한 채 버틸 수밖에 없었던 무서움을 달래 갔는지 모른다.

여덟 살이 된 아이가 스스로 챙기는 것 하나에 감사하며 살고 있다. 서른여덟 살이 된 나도 휴직이라는 시간 동안 스스로 하고 싶었던 일을 챙기며 사는 것에 감사해본다. 그러다 문득 스스로 하고 싶지 않았지만 해내야 했던, 나의 여덟 살 두려운 밤길을 조용히 따라가 본다. 엄마가 무서울 때마다 되뇌어보라고 알려준 기도문과 언니가 얼른 나아 집으로 올 수 있게 해달라는 혼자만의 기도를 쉴 새 없이 하며, 한 뼘도 채 되지 않는 발걸음으로 여덟 살의 내가 빠르게 걸어간다. 잔뜩 긴장한 채로 밤길을 걷는 아이 옆으로 조용히 다가가 다독여 주고 싶다.

그리고는 누구보다 따뜻한 목소리를 건네고 싶다. 어두운 밤길은 아직 조금 더 남았지만 두려움을 이겨내는 방법만큼은 남들보다 먼저 배웠으니 걱정하지 말라고, 오늘도 내일도 언니가 건강히 퇴원하는 날까지 집으로 혼자 돌아가는 어두운 밤이 무섭지 않도록 따뜻한 손길을 내어 줄 서른여덟의 내가 기다리고 있다고, 두려움 가득한 여덟 살 꼬마의 깜깜한 밤길을 환히 비출 수 있게, 그렇게 누구보다 따뜻하게 말해 주고 싶다.

물냉면

음식에 대한 욕구가 나는 높지 않은 편이다. 그런 내가 사시사철 찾는 음식이 있는데 바로 '물냉면'이다. 이름만 들어도 침이 꼴깍 넘어간다. 글을 쓰는 지금 시각이 오전 6시인 것을 감안하면, 나는 분명 물냉면 애호가 맞다.

정확히 언제부터였는지를 생각해보기로 한다. 대학교 때 여름 방학을 앞둔 무더운 날씨가 시작되면, 학교 앞 백반집에서 먹던 어딘가 심심한 냉면이었을까? 아니면 고등학교 때 나풀나풀 여름 하복을 입고 종종 찾아가던 새콤한 냉면이었을까? 그때도 아니다. 시간을 더 거슬러 중학교 때 먹던 중국집의 냉면이 불현듯 떠오른다. 맞다! 냉면을 좋아하게 된 시기는 중학교 때부터였다.

나에게는 가장 오래된 친구 두 명이 있다. 초등학교 시절 이사를 하면서 새로운 동네에서 학원 다니며 만난 친구들인데, 자연스레 친구들과 같은 중학교를 입학하고 나서는 우리는 말 그대로 잠자는 시간만 빼고 늘 함께였다.

그중 한 명의 친구 집은 부모님이 늦게까지 일을 하시는 바람에 늘상 우리들의 아지트가 되어 주었고, 주말이면 친구네 집에서 삼시세끼를 모두 해결하는 날들도 많았다.

매번 죄송하게도 친구네 어머님이 해주신 밥과 반찬들을 얻어먹고 자랐다. 그러던 어느 여름날 친구 한 명이 물냉면을 제안하면서 근처 중국집의 배달 스티커를 꺼냈다. 그 당시만 해도 스마트폰이 없던 시절이라 집 전화로 전화를 걸어, 가지고 있던 용돈을 모아 셋이서 물냉면 두 그릇만 주문했다. 주문을 마치고는 더운 바람을 덜덜 뿜어내는 선풍기 앞에 모여 앉아, 물냉면이 과연 맛있을까에 대한 대화를 이어갔고, 때맞춰 도착한 얼음 알갱이 동동 떠 있는 냉면을 한 입 맛보고는, 우리는 감탄할 수밖에 없었다.

무더웠던 여름날 우리에게 배달된 냉면은 칡 냉면이었고, 면발의 탱탱함을 젓가락으로 들춰내 입으로 넣기 직전까지 면발에 애절하게 달라붙어 있는 얼음 알갱이 덕분에, 칡 냉면의 더욱 쫄깃한 식감을 느낄 수 있었다. 그리고 냉면의 핵심은 육수였는데, 지금도 생각나는 속 시원한 동치미 육수였다. 거기에 왠지 겉모습은 무섭게 생겼지만 알고 보면 정이 많은 주방장 아저씨가 만들었을 매콤한 양념장까지 더해져, 그야말로 화룡점정이었다. 그 이후로 무더운 여름날의 주말이 돌아오면 우리는 어김없이 친구네 아지트에 모여 물냉면을 시켜 먹는 일은, 우리의 즐거웠던 일 중의 하나가 되어버렸다.

그렇게 사춘기 소녀들의 여름은 동네 중국집에서 여름에만 만들어주는 칡 냉면을 먹으며, 어쩌면 한 번씩 올라왔을 이유 없는 반항들이 식혀졌는지 모른다. 그 사춘기 소녀 중 하나인 나는 지금도 입맛이 없거나, 컨디션이 좋지 않거나 혼자 있을 때 방해받지 않고 제대로 맛을 음미하며 먹고 싶은 음식이 물냉면이 된 것을 보면 말이다.

지금은 없어졌을 그 오래된 중국집을 찾아간다면 매번 셋이서 두 그릇만 시켰던 걸 알고 반지르르한 은색 그릇에 꽉 차도록 칡 냉면 사리를 곱빼기로 넣어주셔서 감사했다고, 덕분에 지금까지도 그 칡 냉면은 기분 좋을 때나 좋지 않을 때나 항상 제일 먼저 찾는 음식이 되었다고 꼭 전하고 싶다.

사랑에 빠지는 빨간색

하늘이 연신 뿌옇다. 미세먼지가 좋지 않았던 날이지만, 주말이 지나고 나면 빨간 잎도 노랑 잎도 모두 끝날 것 같아, 세 식구 마스크를 챙겨 서둘러 상당산성으로 떠날 채비를 한다.

나와 만두씨는 애주가라서 동동주 한잔을 하기 위해 택시를 타고 산성 입구까지 간다. 산성에 다다랐음을 알려주는 오르막길이 시작된다. 오르막길에는 마치 빨간 물감을 그대로 뿌려놓고는 눈을 떼지 못하게 하려는 듯, 고운 색 자랑하는 단풍나무들이 줄지어 서있다. 이대로 보내기에는 아쉬운 계절의 색을 알려주기 위해, 울긋불긋 줄지어 서있는 단풍나무의 색깔로, 다섯 살 미니만두씨에게 말을 건네본다.

"저기 저 빨간색 나무가 단풍나무야. 너무 예쁘지 않아?"

자연을 느낄 수 있는 시야를 가졌으면 하는 마음으로, 뻔한 대답 정도만 기대하며 던져 본다. 그러나 돌아오는 다섯 살 미니만두씨의 대답은 우리를 깜짝 놀라게 한다.

"와~정말 예쁘다! 엄마, 단풍나무가 사랑에 빠져서 빨간색 옷을 입은 것 아닐까? 내가 오늘 여기에 오는 걸 알고, 일부러 빨간 옷을 입은 것 아닐까?"

만두씨와 나는 서로의 놀란 눈을 바라보며 잠시 말을 잊었다. 다른 건 몰라도 아이에 대한 공감의 마음만큼은 재보지 않아도 똑 닮은 키를 가지고 있는 우리다. 짧은 순간 서로의 놀란 눈동자 속에서 많은 것들이 보인다. 다섯 살 인생에서 어쩌면 이리도 생각지도 못한 훌륭한 표현이 나올까? 만두씨와 나도 서로의 다섯 살 인생쯤엔 이런 생각을 할 수 있었을까?

어른들의 잣대로 아이를 키우기에는 커다란 세상을 숨기기라도 하려는 양, 조금이라도 들킬까 꽁꽁 묶어 두는 일이 될지도 모른다는 두려운 생각이 스쳐 간다. 오늘부터는 아이에 대한 나의 바람에 애쓰는 일을 반 정도는 줄여야 할 것 같다. 알려줄 수 있는 것들만 조금 느리게, 조금 천천히만 알려줘도 이미 아이는 지구의 반 바퀴 정도는 가뿐히 날아다닐 수 있을 정도의 생각을 가지고 있는 것 같다. 알려줄 수 없는 것을 굳이 애써가며 알려주려 하지 않아도 아이는 이미 빨간색은 사랑에 빠지는 색깔이라는 것을 알고 있으니 말이다.

 사랑에 빠진 단풍잎들이 계절의 시기를 못 이겨 바람결 등에 타고 여행을 떠난다. 그 단풍잎들의 여행을 바라보며, 한 잔이었던 동동주는 두 잔 되고 석 잔 되어, 나와 만두씨의 얼굴에 작별 인사라도 하는 듯 그 빛깔을 띄워 보낸다. 다섯 살 미니만두씨의 마음으로, 단풍나무도 우리도 사랑에 빠지는 빨간색을 띄워 보냈던, 늦가을이었다.

보름달에게 소원을

보름달이 뜨는 날이면, 아이는 기다렸다는 듯이 창가로 달려가 무릎을 꿇고 고사리 같은 손을 모은 채, 부담스러울 정도로 두 눈을 꼭 감고 소원을 빌고는 했다. 무슨 소원을 빌었냐고 물어보면 그때마다 비밀이라며 알려주지 않았는데, 그 모습이 귀엽고 궁금했다.

추석이 막 지난 어느 가을날, 할아버지 제사가 있던 저녁이었다. 만두씨는 출장을 가는 바람에 나는 퇴근 후 부랴부랴 미니만두씨를 챙겨 둘이서만 친정에 들러 제사를 마치고 집으로 돌아가는 길이었다. 그날 저녁은 보름달이 밝게 떠 있었고, 보름달을 한참을 쳐다보고 나서야 미니만두씨의 질문이 시작되었다.

"엄마, 엄마는 소원이 뭐야?" 순간 이번에는 너의 소원이 아닌 나의 소원을 물어 봐주는 게 처음이라 잠시 생각하고서 대답했다.

"음~ 엄마 소원은 미니만두씨가 건강하고 행복하게 자라는 거야." 여느 아들들이 그렇듯이 엄마는 감정 섞인 얘기를 해도 큰 감동이나 별다른 반응 없이 넘어가겠거니 생각했는데, 뜻밖의 돌아오는 대답은 예상하지 못한 추궁이 시작된다.

"아니 엄마, 그렇게 착한 소원이 어디 있어. 나 말고 엄마가 하고 싶은 소원을 말해야지." 돌아오는 추궁에는 아이다운 귀여운 의도가 살짝 보이는 것을 알아차렸다.

"아, 뭔지 알겠어. 그럼 엄마 소원 다시 말할게. 엄마 소원은 반짝이고 예쁜 가방 백 개 사는 거야." 아이가 의도한 대답을 해줬는지 눈치를 살피고 있는데, 기다렸다는 듯이 쏜살같은 대답이 날아온다.

"그래 엄마, 그게 진짜 소원이지! 그래서 나도 내 진짜 소원은 엄마 아빠가 나한테 헬로카봇 장난감 백 개 사주는 거야." 미니만두씨의 진짜 소원을 속 시원히 듣고 나니, 웃음이 절로 나온다. 다시 두 손을 모으고 두 눈을 어김없이 부담스러울 정도로 꼭 감은 채 종알종알 소원을 빈다.

"달님, 엄마도 착한 일 많이 하고 나도 착한 일 많이 할 테니까 엄마 소원이랑 내 소원 꼭 들어주세요."

나도 이 아이처럼 순수한 소원만 바랄 때가 있었나 하며 문득 어린 시절의 기억을 꺼내 본다. 그러고 보니 나의 어린 시절 소원은 남들처럼 여유롭게 잘사는 것이었다. 열 살이 되기도 전이었는데 나는 항상 우리 가족이 행복하게 잘살게 해달라고 틈만 나면 기도를 했던 것 같다. 지금에서 보면 그 많은 신 중 누구 하나쯤은 소원을 들어주신 것인지, 아니면 부족하긴 했어도 따뜻한 마음으로 길러주신 부모님 덕분인지, 지금은 모두가 부러워하는 유복한 딸 부잣집 가족이 되었다.

바라는 마음을 지켜주고 싶다. 세상 모든 일이 바라는 대로 흘러가지는 않지만 그 바람은 어쩌면 세상을 살아가는 데 있어 가장 크고 확실한 목표가 될지도 모르며, 틈날 때마다 입버릇처럼 달고 살다 보면 결국에는 바람대로 이루어지고 마는 기적 같은 일이 생길 수 있다. 그리고 조금 더 시간이 흐르면 아이의 마음도 바뀌어 평생을 바라는 소원이, '헬로카봇 백 개는 아니겠지.'라는 피식 웃음이 나는 기대를 걸어보며 늦은 밤 집으로 돌아간다. 그렇게 그날의 보름달은 우리의 소원을 알아차린 듯 좁고 어두운 골목까지도 환하게 비춰 주었다.

2 초승달을 기다리며

하루라는 시간

휴직하고 나면 세상 여유로워질 줄 알았다. 그러나 이상하게도 휴직하고 나서 더 바빠진 하루를 살고 있다. 때때로 휴직하고 나서까지 이렇게 분주하게 사는 것이 맞는 건가 생각해보는데, 결론은 어쩔 수 없다. 다시는 돌아오지 않을 서른여덟인 나의 소중한 하루이기에.

독서를 하기 위해 새벽 기상을 한다. 휴직하고 나면 독서를 할 시간이 많겠다고 생각했는데 오산이었다. 초등학교 1학년을 둔 엄마이기에 시간이 여유롭게 흘러가지는 않으리라 예상은 했으니 말이다. 그렇게 온전한 집중의 시간을 보내기 위해 새벽 다섯 시 반에 기상을 하고 그동안의 읽고 싶었던 책들을 읽어 내린다.

삼십 분에서 한 시간 정도를 읽고 나면 노트북을 켜고 글을 쓴다. 그동안 머릿속에서만 되뇌었던 글감들을 휴대폰 노트에 정리해 보앉는데, 어쩌다 보니 글감만 50여 개가 된다. 그래서인지 글쓰기는 어렵지 않아 한 시간 안팎으로 한 편의 글이 나오고는 하는데 새벽에 일어나 책을 읽고 글을 쓰는 시간이 참 좋다. 누구에게도 방해받지 않는 시간일뿐더러 독서와 글쓰기는 사색을 바탕으로 하는데, 저녁에 하는 사색과 새벽에 하는 사색은 감정과 무게와 온도마저 사뭇 다르기 때문이다. 그렇게 독서와 글쓰기가 끝나기만 해도, 마저 동이 트지 않은 하루를 이미 꽉 채운 에너지를 얻는다.

아이를 깨워 씻기고 옷을 입히고 아침밥 먹여 등교시키는 시간에는 최대한 좋은 에너지를 주려고 노력해본다. 아이도 어른과 마찬가지로 시작이 좋아야 끝도 좋을 수 있으리라 생각하기에, 자연스레 기분 좋음을 전해주고 싶은 마음으로 어쩌면 하루 중 가장 많은 공감의 시간으로 만들어본다.

등교를 마치면 음악을 켜고 창문을 연다. 밤새 가라앉았던 공기를 순환시키고 여기저기 보이는 바닥의 자국들을 닦아 내고 침대를 정리하고 소파 위에 얹혀 있는 먼지를 훔쳐낸다. 누구에게는 매일 돌아오는 귀찮은 시간이겠지만, 나에게는 그 시간마저 정화의 시간이 되고는 한다.

그리고 나서야 하루일 중 제일 피하고 싶은 운동을 한다. 부끄럽지만 나는 이제껏 살면서 운동이라는 취미를 가져본 적도, 애써 가지려고 했던 적이 없었다. 그놈의 골프가 뭔지 주변에서 쉬지 않고 극성이다. 미루고 미루다 그 극성이 턱 끝까지 차올라 레슨을 받기 시작했는데 아직도 자존감이 바닥을 치는 상황이라 이렇다 저렇다 할 수는 없는 단계. 그래도 복직을 하기 전까지는 좀 나아지겠거니, 몸에 좋은 약을 먹는다 생각하며 거르지 않고 연습장으로 출근하고 있다.

운동까지 끝마치면 숙제 같은 일들이 끝이 난다. 학교를 마치고 집으로 돌아온 아이게 그날 기호에 맞는 간식을 해주고 소소한 집안일들을 하고 나서 저녁밥을 짓는다. 그동안 챙기지 못했기 때문에 저녁밥 메뉴는 가급적 아이의 의사를 물어보며 맞춰주고는 한다. 저녁 끼니를 맞추지 못한 날들이 많은 남편을 위해 찬거리를 조금씩 덜어 챙겨 놓고 나서 우리는 그렇게 저녁상을 맞이한다.

아이의 잠자리 준비해주며 도란도란 이야기를 나누는 것으로 하루의 일과를 정리한다. 그동안 워킹맘이라는 분주한 타이틀로 들쑥날쑥하던 대화를 매일 하려고 노력한다. 아이도 나의 노력을 알아주는지 주거니 받거니 하루를 보낸 이야기꽃을 피우고 나서야 잠이 든다.

별거 아닌 하루에 별거 아닌 행복을 느낀다. 내가 선택한 길이지만 평탄하지만은 않았던 순간들이었기에 지금 누리는 이 시간이 더욱 값지고 소중하다. 괜찮은 인생을 살고 싶어 선택한 시간인 만큼 더욱 괜찮은 순간들을 보내고 싶다. 어둠이 짙게 내려앉은 지금 시간,

사이좋게 나란히 코를 골며 행복한 꿈을 꾸는 것 같은 아이와 남편을 위해, 그리고 무엇보다 소중한 나를 위해.

초승달을 기다리며

    주말 저녁, 신나게 몸으로 놀아서인지 평소보다 이른 잠자리에 든 나의 두 남자, 만두씨와 미니만두씨, 나의 남편의 어릴 적 별명이 만두였다고 한다. 그 말을 듣고서 얼굴은 바라보고 있자 하니, 신기하게도 생김새마저 만두를 닮았다. 그때부터 나의 남편은 만두씨가 되었고, 우리의 아들은 아빠를 똑 닮아 자연스레 미니만두씨가 되었다.
    셋 중에 둘이 잠들고 나면 집에는 고요한 시간이 찾아온다. 혼자 있는 시간이면 기다렸다는 듯이 창밖 풍경에 빠지는 시간이 한참이나 흐른다.

    어느덧 밤이 깊다. 얼핏 보면 깜깜한 것 같지만 자세히 보면 짙은 푸른색을 감추고 있는 밤하늘에, 끝과 끝이 야무져 보이는 초승달이 떴다. 그 야무진 초승달은 집 아래 흐르는 무심천 줄기에 얼굴을 비춘다. 모난 것 없이 야무진 모습이 얄미웠는지 바람이 제법 매섭게 몰아친다. 그 바람에 초승달의 얼굴이 이리저리 망가진다. 일렁이는 바람결 따라 이대로 어디론가 떠나가지는 않을까 하는 생각마저 든다.

 갑자기 나의 마음이 저 야무진 초승달을 닮지는 않았나 생각에 빠져본다. 마음이란 것은 꽁꽁 묶어 두지 않으면, 바람처럼 흩어지기 일쑤고, 바람에 일렁이는 모습 되어 저 강물처럼 흘러가기 마련이다.

 마음이 흘러간다는 것에 조금은 서글퍼지기도 한다. 손으로 움켜쥔다면 흘러가지 않고 못 내 아쉬운 채로 내 손에 쥐어질까? 언제 흘러갈지 몰라 손 한 번 펴지 못하고 꽉 움켜쥔 채로 산다면 그것은 과연 만족스러울까?

 그렇지 않다는 것을 나는 알고 있다. 나는 움켜쥐었던 손을 다시금 펴 초승달을 흘려보낸다.

 서글퍼 하지 말자. 어쩌면 다행인 것은 바람처럼 흩어지기에 가벼울 수 있으며, 강물처럼 흘러가기에 떠나보내 는 것도 있으니 말이다. 일그러진 얼굴의 초승달이 되어 간신히 버티는 것보다는, 서른 날만 지나면 다시금 야무진 초승달을 만날 수 있으니 말이다.

 그러고 보면 다행인 것이다. 바람에 흩어지고 강물에 흘려보냈던 지나간 시간만큼 이나 서른 날 동안의 다가올 시간에게 더욱 다잡고 다잡아보는 마음이 새겨지는 일, 나시 돌아올 야무진 초승달을 기다리며 살아 보는 일, 그것이다.

깊고 어두운 밤이 지나간다. 우리 집 두 남자는 번갈아 가며 코를 고는데 꽤 행복한 꿈을 꾸는 것 같아 보인다. 행복한 표정의 똑 닮은 두 얼굴을 바라보는 일은 어느새 나의 얼굴에도 행복이 깃드는 순간의 그것, 그것에 대해 온전히 마음을 쓰는 주말 밤이 이렇게 흘러간다.

꽃들의 속삭임

결혼 5주년이 되던 날이었다. 여느 때와 다름없이 회사에서 일하고 있는데 책상 앞으로 배달된 꽃바구니에는 "10년 동안 함께 해줘서 고마워. 앞으로도 평생 함께하자."라는 남편의 메시지가 적혀 있었다. 장미, 작약, 라넌큘러스, 리시안셔스, 사이사이 자리 잡은 하얀색 은방울꽃까지 색색의 가득 찬 감동이었다.

집으로 돌아와 여러 장의 사진을 남겨두고는 바구니 해체 작업을 시작한다. 우선 색이 진한 꽃들을 빼낸다. 그리고 핑크는 핑크대로, 화이트는 화이트대로 어울리는 갈래로 나누어 작은 화병에 나누어 담는다. 붉은색 장미로 가득 찬 화병은 주방에 두고, 핑크색 라넌큘러스가 들어있는 화병은 식탁에 두고, 리시안서스에 은빙울꽃이 섞인 화이트 화병은 집안 전체를 밝혀줄 수 있게 거실에 놓아둔다. 꽃으로 가득 찬 집은 기분이 말랑말랑해진다.

아이의 태교를 위해 꽃 수업을 들었다. 선생님을 잘 만난 탓에 보기 드문 꽃들을 실컷 만질 수 있었다. 꽃을 만지는 시간만큼은 세상에서 제일 행복한 사람이 된 것 같은 기분이 들었고, 한 송이 한 송이마다 어여쁜 사연이 담긴 꽃들을 알아가는 시간이 소중하고 따뜻해져 갔다.

그래서인지 마음이 가라앉는 날에는 꽃을 산다. 향기 가득한 꽃집에서 꽃을 고르는 일부터 마음은 이미 풀어지고는 한다. 꽃집에 살고 싶은 마음을 간신히 추스르고는 고민 끝에 고른 꽃을 집으로 가져와 가지를 자르고 키를 맞춰 차가운 물을 반쯤 채워 담아 두면 그걸로 된다. 가라앉았던 마음은 이내 원래의 자리를 다시 찾는다.

어쩌면 세상의 고단함을 달래기 위한 사치일 수도 있겠다. 알지 못하는 사람은 며칠 가지 않고 시들어버리는 꽃보다는 오래 키울 수 있는 식물이 낫지 않느냐고 말한다. 말 그대로 모르는 사람이다. 어여쁜 꽃이 되는 과정까지 기다리고 견뎌 냈을 마음과 마침내 꽃이 되어 사는 그 며칠의 시간 동안, 꽃들은 자기가 가지고 있는 모든 매력을 꺼내 보인다. 그동안의 인내로 마주한 결실을 별다른 노력 없이도 옆에서 바라보는 기쁨을 누릴 수 있다는 것 자체로 꽃은 나에게 모든 것을 보여주니 그걸로 충분하고 감사하다.

그래서 가끔 꽃을 들이는 사치를 빼먹을 수 없다. 그 사치로 미웠던 마음들을 녹여내고 그럴 수도 있으려니 해보는 아량을 얻는다. 그리고 묻는다. 너는 왜 꽃인지, 나는 왜 나인지, 꽃들은 말한다. 나는 네가 될 수 없지만 너는 내가 될 수 있다고, 힘들었던 나에게 꽃들은 그렇게 찬란한 응원을 속삭여 준다.

화가 나는 이유

　법륜 스님께서는 "화가 난다는 건 누구의 잘못이 아니라, 내가 옳고 네가 틀렸다는 분별심(分別心) 때문이다."라고 말씀하셨다. 맞는 말이다. 하물며 같이 사는 가족도 그럴 때가 있는데 같이 살아본 적 없는 그들인데 어쩔 수 없지 싶다.
　사람은 저마다가 화가 잔뜩 난 것을 참고 보낼 때가 있다. 화가 많다는 건 내면의 풀리지 않는 불만 속에서 뿜어져 나온다고 생각하는데, 나에게는 아이를 갖기 전이 그 시기였던 것 같다.

　남편과 나는 5년이라는 시간을 만나고 나서 결혼했다. 1년은 남들이 누린다는 신혼을 누리고 싶어 실컷 마시고 놀았다. 예정된 1년이 지나고 나니 오랜 약속이나 한 것처럼 아이가 너무 갖고 싶었고 우리의 숙제는 시작이 되었다. 다행히 몇 번의 시도 끝에 뱃속에 새 생명이 찾아와 주었지만 애석하게도 콩알만 한 초음파 사진 한 장이 처음이자 마지막이 되었다.

  남들은 순풍순풍 잘 낳고 키우는데 나에게는 왜 이런 시련이 찾아왔나 원망도 자책도 많이 했다. 유산이라는 경험을 나누고 공감받을 만한 관계도 없었다. 그때부터 예민함의 칼날이 더욱 날카로워졌는지 모르겠다. 그리고 또 이어진 두 번째 유산까지, 하늘이 원망스러웠고 세상 모든 것이 이유 없이 미워지는 시간이었다. 직장에서건 모임에서건 하나씩 신경을 건드리는 사람들이 보이고는 했다. 원래의 나였다면 그러려니 하고 넘어갔을 멘트 하나하나가 마음속을 파고들며 비수를 꽂기 시작했다. 이대로는 안 될 것 같아 상대방의 배려 없는 말들을 꼭 집어 지적하기 시작했고 지적받은 상대방은 당황스러움을 감추지 못하거나 이내 사과하기 마련이었다.

  지금 생각해보면 나는 예민했었고, 그때 그 사람들은 문해력이 부족했던 것이 아닐까 생각한다. 나는 말씨를 중요하게 생각한다. 이렇게 말하는 나도 대단한 솜씨를 가지고 있는 것도 훌륭한 인품을 가진 것도 아니지만, 주고받는 사소한 말 한마디에도 따뜻한 온기를 담으려 노력한다. 그리고 말씨가 좋은 사람들은 따뜻한 온기를 알아차려 준다. 반대로 화를 만드는 사람들의 언변은 여과장치 없이 그대로 쏟아져 나온다. 그런데 가만히 들여다보면 그 사람들의 진짜 속내는 아닌 경우가 많으니, 어쩌면 화를 만드는 사람들은 문해력이 부족한 사람이라고 생각이 든다.

결국 나는 또 나와는 다른 사람들을 평가하는 분별심이 나오고는 한다. 그런데 중요한 것은 문해력이라는 거창한 기술이 없더라도 사람들과 잘 지내는 사람들이 있는데 그 사람들은 말이나 행동 하나에 진심을 담고 있기 때문이다. 행여 상대방이 불쾌할 만한 말을 했다면 다시 고쳐서 말하고 진심이 아니었음을 전달한다. 그 말 안에 진심이 담겨 있기에 불쾌했던 마음은 시간이 지나면 다시 누그러진다. 그리고서는 그럴만한 이유가 있었겠지 라고 생각하며 이해의 손길을 내밀어 줄 힘이 생긴다.

화가 나는 이유는 나에게 있다. 아무리 거슬리는 말을 들어도 저 사람은 왜 저럴까 탓하기보다는 그럴만한 이유가 있겠지, 하고 생각하는 연습을 해본다. 그리고 반복적으로 험한 말씨를 내뱉는 사람이 있다면 적당한 선을 긋고 거리를 유지해본다. 그러면 이해 못할 분별심도, 화가 나는 이유도 점점 줄일 수 있다. 그리고 정 안되면 문해력이 부족한 사람이라고 생각해 본다. 그러다 보면 애초 타고났거나 성장 과정에서 배우지 못한 안타까움마저 생기기에, 어쩌면 이해할 수 있는 마음의 키가 한 뼘 더 자라는 일이 되니 말이다.

12월 31일

다사다난했던 한 해의 마지막 날이 되면 우리 세 식구는 바다를 여행한다. 나와 만두씨는 회사에 오후 반 차를 내고 하룻밤을 묵고 올 짐을 챙겨 서둘러 떠난다. 짙은 겨울 날씨는 서쪽 바다가 보이기 시작하는 시골길을 넘어갈 즈음부터 붉은빛 노을로 물이 들고 그렇게 도착한 겨울 바다는 "한 해 동안 고생 많았어"라는 수고의 위로를 보내며 저 멀리 수평선 아래로 마지막 인사를 한다.

우리가 한 해의 마지막을 보내기 위해 떠나는 곳은 서쪽에 있는 대천 해수욕장이다. 충청도에서 가장 가까운 바다이기에 스무 살이 시작되면서부터 여름만 되면 꼭 한 번씩은 찾는 곳이기도 했다. 나는 그곳에서 친구들과 함께한 추억들이 많고 남편 만두씨 또한 그렇다. 그리고 우리의 추억도 많은 곳이다.

임신했던 시절이었다. 만두씨는 갑자기 대천에 가자며 계획을 세웠고 그렇게 떠난 날이 12월 31일이었다. 조개구이에 칼국수를 먹고 제야의 종소리를 듣고 잠이 들어 다음 날 아침에는 서쪽 바다에서 해가 보이지는 않는 일출을 감상한다. 돌아오는 길에는 공주의 어느 절에 들러 순산하게 해달라는 기도를 하기도 했다.

그렇게 몇 달이 지나 미니만두씨가 태어났고 돌아온 그해의 12월이 며칠 남지 않자 만두씨는 다시 대천 여행을 계획한다. 고작 7개월밖에 되지 않은 아이를 데리고 겨울 바다 여행이라니, 내키지 않았지만 만두씨는 확고했다. 아이가 자라 어른이 되었을 때 돌아볼 수 있는 평생 추억을 만들어주고 싶다는 이유였다. 평소 듣기 어려웠던 만두씨의 감성적인 문장으로 우리는 대천으로 향했고 평소와 다름없이 해수욕장 주변에서 맛있는 저녁을 먹고 그날 예약한 펜션에 머물렀다.

버겁기는 했어도 막상 나와 보니 좋았다. 하지만 문제는 제야의 종소리까지 듣고 잠이 든 새벽에 시작이 되었다. 시설이 좋지 않았던 펜션이 문제였는지, 추울까 봐 보일러를 최대로 틀어놓고 잠이 든 것이 문제였는지, 미니만두씨는 코가 막혀 잠이 들지 못했고 이 방법 저 방법을 써 봐도 소용이 없었다. 잘 울지 않던 미니만두씨는 칭얼거리다 울기 시작했고 그렇게 한 시간쯤 버티니 고작 7개월 된 아이에게 못할 짓이라 생각이 되어 서둘러 짐을 챙긴다.

  최대의 문제는 그 이후에 시작이 된다. 펜션에 주차된 차를 빼서 집으로 출발해야 하는데 사방이 이중 주차로 꽉 막혀 있다. 가로등 불빛마저 꺼진 새벽 두 시에 진작에 잠이 들었을 펜션 사장님을 깨우고 부탁을 드려 본다. 고단한 잠을 깨워서인지 짜증이 한가득 섞인 말투로 이중 주차를 한 손님한테 직접 말을 하란다. 평소 같으면 만두씨에게 대신해 달라고 했을 텐데, 나는 그날 내가 더 이상 여자가 아닌 엄마가 된 것임을 체감하고 만다. 부끄러움은 안중에 없이 금방이라도 울음이 터질 것 같은 두려움을 간신히 누른 채 곤히 잠들었을 차 주인을 깨워 이중 주차를 해결하고 집으로 출발을 할 수 있었다.

  새해의 아침을 몇 시간 앞두고 집에 도착했고, 짐도 풀지 못한 채 그대로 쓰러져 누웠다. 조금 눈을 붙이고 일어났더니 몇 시간 전만 해도 숨이 넘어갈 것처럼 애쓰던 미니만두씨가 세상 평화로워졌다. 의문에 자책감이 더해졌지만 집에 왔다는 안도감이 다시 한 번 고단한 잠을 부른다.

  그렇게 우리는 한 해의 마지막 날이 되면 어김없이 대천 바다로 여행을 떠난다. 호되게 고생하고 난 다음 해는 망설였지만, 만두씨는 변함없는 레퍼토리를 읊었다. 아이에게 평생 기억될 추억을 만들어 주고 싶다고, 대신 가성비 좋은 호텔을 미리 예약하고 아이와 함께 가도 좋을 식당을 찾는다. 어김없이 맛있는 저녁을 배불리 먹고 꾸벅 꾸벅 버텨가며 제야의 종소리를 듣고 잠이 든다. 그렇게 시작되는 다음 날 아침의 새해는 다시금 일 년을 꿈꾸게 해준다. 정신없이 보낸 모든 날에도 매순간 의미가 있다며, 새롭게 시작되는 한 해는 더욱 빛이 날 거라고, 세 식구에게 나지막이 속삭여 준다.

하고 싶은 것 찾기

  6개월 하고 보름, 내가 쉴 수 있는 육아휴직의 기간이다. 대부분 사람이 1년 정도는 쉬지 왜, 6개월만 쉬느냐고 한다. 1년이라는 시간을 보내는 것이 나에게는 여러모로 걸림돌이 많았기에 아쉽더라도 알찬 6개월을 보내고자 마음먹었다.
  휴직을 쓰기 두 달 전쯤부터 나는 잠을 쉽사리 청하지 못한다. 나에게 주어진 6개월이라는 시간을 어떻게 보내야 할지 걱정들이 시작되었기 때문이다. 아이의 초등학교 입학 케어하는 것은 물론이지만, 학교에 가 있는 시간 동안 나는 무얼 위해 애써야 할지 수많은 생각의 나래를 펼치며 잠이 들고 했다.

  나를 아는 주변의 사람들은 한 번씩은 걱정 담긴 조언을 해주고는 한다. 그동안 쉬지 않고 힘들게 일했으니 휴직 기간만큼은 제발 좀 쉬어보라고 한다. 반면 나를 조금 더 깊게 아는 이들은 그렇게 못 할 것이라고 말하기도 하는데, 역시나 그 사람과 나는 알고 있다. 나에게 쉼이라는 단어는 아무것도 하지 않음이 아니라는 것을.

하고 싶은 것들을 찾아보기 시작한다. 어쩌면 굉장히 쉬우면서도 굉장히 어려운 것 중 하나이다. 나는 주변 사람들의 고민에 대해 종종 들어주고 하는 편인데, 대부분의 사람들이 하고 싶은 것이 없거나, 또는 무엇인지 모른다는 것에 본인 스스로 크게 실망하는 경우를 많이 보았다. 그러면서 이것저것 하고 싶은 것들이 많은 나를 보고는 부러워하기도 한다. 나 또한 이렇게 되기까지 고민과 번뇌의 시간이 흘러갔다.

다시 한 번 진지하게 생각해본다. 나는 왜 이렇게 하고 싶은 것이 많은 것일까? 여러 이유가 있으리라. 어릴 적 넉넉지 못했던 경제적 보살핌에 대한 보상이거나, 지금 누리고 있는 것들의 완전하지 못한 영원이라든지, 정해지지 않은 미래에 대한 준비일 수도 있으며, 나에 대한 불완전한 믿음을 온전하게 바꾸고 싶은 욕심들은 아닐까 생각해 본다.

생각이 많아져 쉬운 길로 가야겠다. 어린 시절부터 훑어 내려와 보기로 한다. 어린 시절 나의 결핍들을 나열해본다. 사고 싶은 책들을 마음껏 사지 못한 것, 나만의 방이 없었던 것, 미술학원을 가지 못한 것, 문예창작과에 원서도 내보지 못한 것, 그리고 내 생각을 자신 있게 말하지 못한 것, 이렇게나 술술 나오는 것도 그동안 살면서 잊지 않고 되뇌었기 때문이라 생각한다.

제일 먼저는 책을 읽는다. 성인이 되고 직장생활을 하면서 읽고 싶은 책을 사는 것은 어렵지 않았지만, 단지 사기만 하고 끝까지 읽는 것이 어려웠다. 그동안 사놓기만 했던 책들을 꺼내 제일 먼저 읽고 싶은 책의 순서로 나열해놓았다. 휴직이 시작되고 나서 술술 읽힐 줄 알았는데, 공사다망하여 낮에 읽기가 쉽지 않아 '미라클모닝' 이라는 거창한 타이틀로 새벽 독서를 시작했다. 그렇게 운이 좋으면 3일 만에 완독할 수 있는 숨겨진 재능을 발견할 수 있었다.

나만의 방을 만들고 싶었다. 하지만 지금 사는 집에는 나만의 방은 없다. 부부 침실, 아이 방, 남편의 서재 방이 있는데, 가장 유력한 서재 방을 정리하기 시작했다. 수납장의 오만가지 잡동사니들을 꺼내 추억이 있는 물품만 제외하고 꺼내지 않을 물건들을 반 이상은 버렸다. 그리고 책장을 하나 더 들여 남편 책과 내 책을 분리했는데, 신기하게도 나의 책들만 가지런히 정리되어있는 책장을 보니 이렇게 내 방이 생긴 것 같은 느낌이 들었다. 방을 만들 수 없으니 공간이라도 분리한 섯인네, 글을 쓰는 시금도 책장을 바라보기만 해도 뿌듯하고 기분 좋은 에너지가 생긴다.

그림을 그리는 것과 글을 쓰는 것, 두 가지를 다 하기에는 물리적인 시간이 한계가 있음을 깨닫고 하나만 택하기로 했다. 그림은 사회 초년생 때 잠깐 배워 봤으니 이번에는 글을 한번 제대로 써보고 싶었다. 나의 버킷리스트 중 하나가 사는 동안 책을 한 권 쓰는 것이었는데 뜻이 있는 곳에 길이 있다고 했던가. 관심이 있으니 여러 정보를 총동원해 지역의 무료 글쓰기 프로그램을 알게 되어 매주 수요일마다 글쓰기 수업에 나가게 되었다. 그리고 무엇보다 지금 이렇게 글을 쓰고 있다는 것이다.

평소 내 생각을 피력하는 것을 좋아한다. 엄마 말로는 나는 네 살 때까지도 말을 하지 못했다고 한다. 말을 시작하고 나서는 많이 더듬었던 기억이 난다. 그래서 지금도 가끔 감정이 고조되면 친한 사람들 앞에서는 간혹 더듬는 습관이 남아 있다. 남들보다 말을 늦게 하고 더듬느라 하고 싶은 말들을 매번 놓쳤던 것이 아쉬웠는지 사람들 앞에서 말을 하는 것을 좋아하게 되었고, 직장을 다니며 사내 강사라는 타이틀로 수없이 많은 강의와 교육을 진행했다.

나는 그 순간이 나쁘지 않았고 만족스러운 날들도 많았다. 그리고 깨달았다. 강의를 하는 사람이 되어야겠다고. 또 한 번 휴직이라는 기회가 뜻이 있는 길로 나를 이끌어주어서, 나는 동네 주민센터에서 매주 금요일마다 '어르신 스마트폰 강의'를 하게 되었다. 평균 75세의 어르신들에게 매주 좋은 에너지를 얻고 있어서 굉장히 행복한 강의가 되고 있다.

하고 싶은 것 찾기. 사람들은 스스로 하고 싶은 것이 없다고 말하거나, 있긴 있는 것 같은데 어떻게 시작해야 할지 모른다고들 한다. 어렵다면 쉬운 길로 돌아가서 생각해보면 된다. 어린 시절부터 훑고 내려오다 보면 하나쯤은 발견할 수 있을 것이다. 나처럼 부족한 환경 때문에 하지 못했던 것을 찾거나, 부족하지 않았다면 부모님의 생각대로 흘러가기만 한 것은 아닌지를 되짚어보고 거슬러 올라가 보면 분명 찾을 수 있을 것이다. 그러다 보면 하나에서 둘이 되고 둘에서 셋을 찾을 수 있을 것이다.

그리고 나서는 하고 싶은 것을 하고 살자. 하고 싶은 것을 찾아 하고 싶은 것을 해야 외롭지 않다. 주변의 사람들이 수시로 외로움을 말하곤 하는데, 외로우면서 정작 무엇 때문에 외로운지는 알려고 하지 않는다. 외로움의 시작의 무게는 숨 쉬는 공기만큼 가벼워 어느새 훌훌 퍼져나가 주변까지 병들게 하는 잔인한 바이러스와 같다. 거창할 필요 없으니 당장 오늘이라도 할 수 있는 것들을 찾아 하고 싶은 것을 하고 살자. 나를 먼저 소중히 해야 가족도 친구도 소중히 여길 수 있는 삶이 될 수 있다는 것을 결코 잊지 말자.

내가 사는 집

스무 평 남짓했던 집에서 서른 평이 넘는 집으로 이사를 했다. 오래된 낡은 아파트에서 이름만 대면 알아주는 새 아파트로 이사를 했다. 이제껏 살아오면서 꿈에 그리던 평수였다. 더할 나위 없이 벅찼지만 대출이라는 부담감이 시작되었다.

1남 4녀에 부모님까지 하면 일곱 명의 가족이었다. 둘째인 내 기억으로는 동생들이 태어나기 전까지의 우리 집은, 방이 한 칸이거나 작디작은 두 칸이었다. 셋째가 태어나던 해, 우리 가족은 처음으로 세 사는 것에 벗어나 조그마한 단층 주택으로 이사를 했다. 부모님은 연신 '우리 집'이라며 집안 곳곳을 자랑처럼 내세우시곤 했다. 그리고 그 집에서 넷째가 태어나고, 큰언니는 중학생이 되었다. 그때부터인지, 아니면 사춘기가 시작되었는지, 내 방 하나 없는 집이 비좁고 어둡게만 느껴지기 시작했다.

여느 때와 다름없이 학교가 끝나고 곧장 집으로 돌아왔는데, 어쩐 일인지 식당에서 일하고 있을 엄마가 작은방 문턱에서 뭔가를 열심히 적고 계셨다. 반가운 마음에 엄마가 집에 있는 이유를 물었더니, 다음 달이면 우리도 아파트로 이사 간다는 것이다. 아파트라니, 꿈이라도 꾸는 것처럼 믿기지 않는 순간이었다.

기다리고 기다리던 이삿날이 되었다. 그러나 나의 기대는 반쯤 정도 실망으로 번졌다. 아파트라면 당연히 있어야 할 엘리베이터가 없는 5층짜리 낮은 아파트였으니 말이다. 하지만 이전 집에 비하면 대궐이나 다름없었다. 비록 언니랑 같이 쓰긴 했지만 기다리던 방도 생겼으니 이 정도면 행복하다 싶었다.

새로 이사한 집의 기운이 좋았는지, 그 집에서 기다리고 기다리던 다섯째 막내아들이 태어났다. 딸만 내리 넷을 낳아야 했던 엄마 아빠의 마음고생이 감격으로 번지는 순간이었지만 대궐 같던 우리 집은 어느새 다시 작디작은 낡은 아파트로 변해갔고, 친구들을 집으로 부르는 일이 점점 거리껴지는 시간이 흘러갔다.

일곱 식구 꽉 찼던 집에서 언니가 먼저 시집을 가고, 나에게도 집을 떠날 때가 왔다. 결혼 얘기가 살피고 신혼집을 알아보기 시작할 즈음, 아버님께서 주택을 지어줄 테니 살아보는 것이 어떠냐고 물으

셨다. 새로 지어주신다는 주택은 좋았지만, 새집이 지어질 그곳의 부지가 마음에 들지 않았다. 다행으로 나와 만두씨는 고민할 겨를 없이 곧바로 죄송한 거절을 드리고, 형편에 맞는 아파트를 골라 결혼 생활을 시작했다. 거실에 소파 하나 제대로 놓을 수 없는 아담한 공간이었지만, 마음 내키는 대로 짜 맞출 수 있는 집이었기에 안락하고 좋은 곳이었다.

   사람의 마음은 참으로 간사하다고 했는가. 처음 느꼈던 안락했던 신혼집은 아이가 태어나고 짐이 늘기 시작하면서, 어린 시절 살았던 그 집들처럼 부족한 부분들만 보이는 공간으로 변하기 시작했고, 집에 머무르는 시간보다 자연스레 밖을 찾는 시간이 많아지고 나니 더 큰집을 찾아야겠다는 결심이 들었다.
   청약의 열풍이 강하던 시기였는데 보란 듯이 청약 당첨과 추가모집의 기회까지도 나에게는 허락되지 않았고, 당첨 발표가 나던 자정에는 서러운 마음에 눈물이 뚝뚝 떨어지기도 했다. 그러나 뜻이 있는 사람에게는 기회가 온다고 했던가. 오랜 시간을 찾고 헤매어 드디어 우리가 바라던 이점들을 모두 갖춘 집으로 이사를 했다.

   그러나 이사의 설렘도 잠시, 주택담보 대출이라는 생애 가장 큰 빚을 지게 되니 꿈에 그리던 집의 경치를 한동안은 마음 놓고 즐기지 못했다. 가을에 이사했고, 다음 해의 단풍이 물들기 시작하니, 이 집의 그림 같은 풍경들이 눈에 들어오기 시작했다. 거실 통창 너머에는 추수를 앞둔 황금빛 논들이 줄지어 서 있고, 그 아래에는 무심천의 줄기가 시작된다. 그리고 그 너머에는 아직도 이름은 모르고 성품이 좋아 보이는 야트막한 동산이 지켜주고 있다. 아침에는 동쪽에서 해가 떠서 안방까지 그 빛줄기를 비춰내고, 점심을 건너간 빛줄기는 남쪽 통창으로 흘러가서 따뜻하고 포근한 햇살을 연신 줄지어 쏟아낸다.

세어보니 어느덧 5년이 다다른 집이다. 휴직하고 나서는 종일 마주하는 집안의 모습들이지만, 지겨울 겨를 없이 매일 포근하고 안락한 기운이 넘친다. 어릴 때나 지금이나 나만의 방은 없다. 그러나 나의 손길 하나하나로 가득 채운 서른네 평의 이곳은, 어느 곳 하나 미움 둘 곳이 없다.

친구라는 이름

　

네 살부터 1년 정도를 시골에서 할머니와 같이 지냈다. 맞벌이하는 부모님과 언니는 일주일에 한 번 내지는 격주에 한 번씩 시골을 찾고는 했는데, 떨어진 가족을 그리워하는 일은 네 살 인생에서도 힘들었던 기억으로 남아 있다.

지금에 와서 네다섯 살의 기억을 적는다는 것이 크게 신빙성은 없겠지만, 그래도 나의 시골 동네에는 같은 나이의 친구가 있어 주었다. 시골살이를 끝내고 가족들과 함께 살게 된 이후에도 방학이 되면 줄곧 시골 할머니 댁에서 여름과 겨울을 보내곤 했는데, 그때마다 그 친구는 나에게 몰래 가져온 사탕을 주머니에서 꺼내주거나, 갓 쪄온 옥수수를 반으로 잘라 나눠주고, 뒷동산에 올라가 비료 포대에 앉아 신나게 눈썰매를 타는 방법을 알려주었던 얼굴에 주근깨가 가득했던 나의 첫 친구였다.

  나는 말수가 적고 걸음이 느리고 내성적인 아이였다. 수업 시간에 발표라도 하면 금방이라도 눈물이 터져 나올 것 같이 얼굴이 빨개져 잔뜩 긴장하는 성격이었으니 말이다. 그러다 새로 이사 간 동네에서 지금까지 함께 지내는 친구들을 만났다. 나는 세상의 두려움을 벗어내기 시작했고, 어쩌면 지금의 내가 되었는지도 모른다.
  겉으로 보기엔 차가워 보이고 새침데기 같아 보인다는 말을 지금도 종종 듣고는 한다. 하지만 거리가 가까워지고 마음을 보이기 시작하면 나는 쉴 새 없이 떠드는 수다쟁이로 변한다. 그런 매력 때문이었는지 학창 시절 내내 친구들도 많이 사귀었고, 회사에서도 모임에서도 먼저 찾아주고 불러주는 감사한 시간이 많았다.

  그러다 어느 순간쯤인지는 친구라는 관계에 대해서 생각하는 시간이 많아졌다. 어릴 적에는 함께 하는 시간이 많아지는 친구들을 만났고, 스무 살이 되어서는 서로의 시답지 않은 고민을 나누어주는 친구들을 만났다. 그러다 몇 번은 평생 함께할 수 있을 것만 같던 친구 중 몇은 서로의 오해만 남긴 채 멀어지기도 했다. 지금에서야 생각해보면 완성되지 못한 배려의 오해일 뿐이다.
  사회생활을 해가며 결혼하고 아이를 낳고 나니 친구의 소중함을 느끼게 되면서도, 마음을 줄 수 있는 관계에 대해서도 어느 정도 정리가 되어 간다. 마음이 가고 가지 않는 것에 대한 상대방의 잘못은 없으며 어디까지나 나만의 기준이다. 예전에는 단지 함께 있을 때 즐거우면 그만이었지만, 어느새 마흔이 가까워지는 나이가 되니 무엇이든 서로 좋은 에너지를 주고받을 수 있는 친구를 찾게 된다. 혹자는 친구에 대한 잣대가 날카롭다고 할지도 모르겠다. 하지만 그렇지 못한 관계를 애써 유지해가면서 얻은 실망과 상처들에 대한 해결책이었다고 말해두고 싶다.

반대로 나는 좋은 친구일까? 하는 생각을 본다. 지금은 이렇게 무엇이라도 된 것처럼 글을 쓰지만 분명 그렇지 못한 시간도 많았을 것이다. 오해의 관계를 풀어보려 하지 않고 스스로 정한 허용치가 꽉 차고 나면 조용히 마음을 정리했던 지난날들을 반성해본다. 하지만 다시 풀어볼 용기는 아직 없다.

비슷한 결을 갖은 친구들이 좋다. 힘들다는 친구에게 걱정과 안쓰러움의 마음으로 오늘을 위해주지만, 그때 잠시뿐 달라질 것 없는 쳇바퀴로 내일을 버티는 친구보다 진심 담긴 응원에 힘입어 더 큰 내일을 사는 친구가 좋다.

결국은 서로의 앞날을 위해 같이 고민해주고 긍정적인 에너지를 나눠줄 수 있는 친구가 좋다. 조금은 야속하게 들릴 수 있겠지만 좋은 친구의 좋음을 지켜주기 위해서는 반드시 오늘의 되돌아봄이 필요하다. 지금의 나에게는 어릴 적 시골 동네에서 갓 쪄온 옥수수를 반으로 나눠주는 주근깨 많던 친구는 없으니 나부터 노력하는 마음의 자세가 필요할지 모른다.

삶에는 불쑥 찾아오는 휴강이 필요하다

　아빠를 도와 복숭아를 팔기 시작했던 해였다. 아빠의 고생을 모를 수 없었기에 누구보다 열심히 할 수 있었고, 복숭아 농사가 끝나자마자 남겨두었던 휴가를 쓰고 세 식구 해외여행도 다녀왔다. 아이가 자라 제법 수월하고 행복한 여행이었다. 그렇게 여행을 다녀오고 며칠이 흘렀는데 마음이 이상했다. 왜인지는 모를 허전함과 공허함에 휩싸이기 시작했다.

　무엇이었을까 골똘히 되뇌어 봤다. 걱정 많던 아빠의 복숭아도 잘 팔렸고, 몇 개월을 기다리던 여행까지도 무사히 잘 다녀왔는데, 가족들도 별일 없고 회사 일도 잘 돌아가는데 무엇이 문제일까? 그렇게 일주일 정도가 지났는데도 마음이 다시 복구되질 않았다.
　아이가 태어나기 전이었으면 남편에게 갖은 불똥을 튀게 했을 것이다. 우울하다니 힘드니까 알아달라니 징징댔을 모습들이 지나갔다. 그러나 아이가 태어나고 나서는 나도 남편도 달라졌다. 책임지어야 할 존재가 생겼기에 어른이라는 모습의 가면을 애써 쓸 수밖에 없었을 것이다.

친구들을 만나고 술에 취해 잔뜩 마셔보아도 나아지질 않았다. 갑자기 무서워졌다. 말로만 듣던 우울증 같은 것인지 바쁘게 인터넷을 검색해가며 나의 증상을 맞춰본다.

우울증은 아니고 경계가 모호한 우울감이 생긴 것이다. 이해할 수 없었다. 나는 이렇게나 잘 살고 있는데 우울감이라는 감정이 찾아온다는 것이 말이다. 그러다 어느 전문가의 조언을 읽게 되었다. 우울감이라는 기분 큰 병이 아닌 '감기와 같이 불쑥 찾아올 수 있는 감정'이라는 글이었다.

내가 너무 바쁘게 살았구나, 바쁘게 사느라 마음의 감기가 드는지도 몰랐구나, 별안간 미안해지기 시작했다. 그렇게 불이 꺼진 방에 누운 채로 새벽이 다 되어서야 잠이 들었다.

잠을 못 잔 탓인지 몸이 으슬으슬한 것 같았다. 평소 같으면 상비약을 한 알 먹고 출근했을 법 한데 그날따라 몸을 일으켜 세울 의지가 없었다. 워킹맘에게 당일 아침의 줄근 불가는 최대한 피하고 싶은 자존심과도 같았지만, 그날은 꼭 그렇게 해야 할 것만 같았다. 팀장님께 몸이 좋지 않다는 연락을 하고 편안해진 마음으로 한 시간을 더 잤다.

아이를 깨우고 씻기고 밥을 먹이고 등원을 끝냈다. 평소 같으면 서둘러 회사로 출근해야 하지만 그날은 아무것도 하지 않아도 되는 날이었다. 차 안 라디오에서 영화 얘기가 흘러나온다. 갑자기 집이 아닌 영화관으로 차를 돌렸다. 예매 없이 무작정 찾아간 영화관에서 오로지 내가 보고 싶은 취향을 영화를 골라 아침부터 팝콘 한 통을 주문해 처음부터 끝까지 집중하면서 영화를 보고 나왔다. 무언가 소소한 기분 좋음이 틈으로 흘러나왔다. 머리도 못 감고 나온 터라 다시 집으로 발길을 돌리는데 허기가 졌다. 영화도 마음에 드는 것을 봤으니 점심도 마음에 드는 메뉴를 먹어야겠다는 생각으로 평소 좋아하던 초밥집에서 점심 특선 하나를 포장했다. 허기진 상태였지만 일회용 용기에 담은 채로 그대로 먹고 싶지는 않아 단정한 모양이 예뻐서 사두었던 나무접시에 초밥을 고스란히 옮겨 담고 나니 그럴싸해 보였다. 그렇게 만족스러운 점심을 먹고 씻고 나갈 채비를 했다.

갑자기 주어진 나의 시간을 잘 채우고 싶어졌다. 항상 급하게만 들러 필요한 책들만 서둘러 사고 나왔던 서점으로 차를 몰았다. 평일 오후의 서점은 여유롭고 조용했다. 육아 지침서, 시집, 인테리어 잡지, 베스트셀러를 찬찬히 둘러보는데 그곳의 조명과 온기가 참 좋았다. 평소에는 한 권이면 족했을 것을 그날따라 종류별로 사고 싶은 책을 종이봉투에 세 권을 담고 나오는 발걸음이 제법 가벼워졌다.

좋아하는 카페의 드라이브스루에서 바닐라라테를 한 잔 주문하고는 시끄럽지는 않은 음악을 틀고 미루고 미루었던 화원으로 발길이 향한다.

초록의 문턱은 이미 지난 계절이었지만 화원의 색감은 아직도 온통 초록이었다. 작고 귀여운 다육이부터 제법 키가 크게 자란 관엽식물까지 하나하나 세세히 봐주었다. 그리고 두어 번쯤 실패했던 로즈마리를 다시 사고 나서야 발걸음은 집으로 향했다.

집으로 와서 오늘 봤던 영화 팸플릿과 서점에서 산 종류 다른 세 권의 책과, 제법 야무져 보이는 로즈마리를 식탁에 올려 두었다. 신기하게도 한동안 가슴속을 답답하게 누르고 있던 자그마한 돌멩이가 뚝 떨어져 나간다.

대학 시절, 갑자기 교수님의 오래된 차가 고장 나는 바람에 휴강이 주어졌던 날이 떠오른다. 불쑥 찾아온 휴강에 나는 하고 싶은 일들을 하며 지루하지 않게 시간을 보내고는 했는데, 이제야 알게 되었다. 다 큰 어른의 삶에도 한 번씩은 불쑥 찾아오는 휴강이 필요하다는 것을. 그렇게 나는 언제 그랬냐는 듯 다시 집 정리를 하고 이른 저녁을 지었다. 두 번은 시들었으나 세 번째는 꼭 잘 키우고 싶어 햇살 드는 창가에 반듯하게 올려놓은 야무진 로즈마리를 보며, 그렇게 그날의 하루가 다시 잘 흘러갔다.

베트남 아줌마

처음 결혼했을 때만 하더라도 시댁에서 술을 마신다는 일은 상상하기가 어려웠다. 누구나 당연한 일이라고 생각할 수 있겠지만 점점 시간이 지나면서 고상한 척, 올바른 척하기가 불편해지기 시작했고, 눈치를 살피던 남편의 권유로 시작한 맥주 한두 잔이 어느새 아버님과 술 동무를 하는 사이로 발전해버렸다.

추석을 앞두고 음식을 하는 날이었다. 아들만 둘을 둔 어머님은 언젠가부터 며느리들의 편의를 위해 새벽같이 일어나 음식을 혼자서 만드신다. 며느리들이 음식을 하면 식용유를 흥청망청 쓴다는 것이 사유다. 그런 것 같으면서도 아닌 것 같은 이유지만, 어쨌든 감사한 마음만 담은 채로 별거 없는 설거지 시늉만 내는 불량 며느리가 되었다.

아버님은 며느리들과의 술상이 시작되는 날이면 미리 외곽의 양조장까지 가서 막걸리 한 말을 받아 오신다. 이상하게도 아버님이 받아 오는 그 막걸리는 유독 더 달고 맛있어 목 넘김이 참 좋다. 그렇게 시부모님들과 함께 편한 술잔을 주거니 받거니 하며 다들 웃음이 끊이지 않았고, 기분이 좋아진 어머님은 갑자기 동남아 여행을 쏘신다며 행복한 계획을 잡아보기도 했다.

점심부터 시작된 막걸리 술상은 저녁 하늘이 어스름해지면서 끝이 났고, 목 넘김을 핑계로 실컷 부어라 마셔라 한 나는 안방 침대에 누워 잠이 들었다.

눈을 떠보니 집이 아니었다. 날씨가 조금 습했고 땀이 나는 걸 보니 베트남이라는 생각이 들었다. 침대에서 일어나려고 하는데 호피 무늬의 치마를 입은 어떤 아줌마가 더 자라며 어깨를 토닥인다. 낯선 곳이라 일단 일어나야 할 것 같은 마음에 다시 일어나려는데, "괜찮아, 더 자도 돼."라고 유창한 한국말로 다시금 침대에 눕힌다. 처음 보는 베트남 아줌마인데 이상하게도 친숙한 느낌이 들어 눈을 감고 이내 잠이 들었다.

잠자리를 가리지 않는 나는 그렇게 한참을 자게 되었고 눈을 떠보니 이상하게도 베트남이 아닌 막설리에 취해 잠들었던 시댁 안방의 침대였다. 베트남 여행은 잠시의 꿈이었던 것인가, 하며 현실의 구분이 모호해졌다. 지끈한 머리를 감싸며 일어나 주방으로 가보니 어머님은 저녁거리를 만들고 계셨고 멋쩍은 나는 옆에 서서 거두는 시늉을 했다. 그런데 어머님의 치마가 어딘가 익숙하다. 그 치마는 호피 무늬였고 꿈속에서 만난 아줌마는 베트남 여인이 아닌 어머님이었다.

창피함에 숨겨야 하는데 아무렇지 않은 척 저녁을 먹으며 꿈 이야기를 털어놨다. 꿈속에서 만난 호피 무늬 치마를 입은 아줌마가 베트남 사람이 아닌 어머님이었다고. 어쩐지 친숙함이 들어 시키는 대로 다시 누워 잠들었다고. 그렇게 추석을 앞둔 저녁상은 막걸리에 취해 잠든 막내며느리의 철없는 행동으로 웃음바다가 되었고, 철없는 모습마저도 따뜻하게 받아주시는 어머님 아버님 덕분에 그 이후로도 '베트남 아줌마'는 시댁에서 잊히지 않는 유행어가 되었다.

마음이 가는 사람과 가지 않는 사람

나는 모든 일에 마음을 담는 편이다. 여행을 가거나, 아이의 생일을 준비하거나, 친구들과의 만남을 정하거나, 회사의 크고 작은 일들까지, 모든 것이 나의 삶이기에 어느 하나 소홀히 하고 싶지 않다.

그런 내가 어느 순간부터 많이 들었던 말은 '피곤함'이었다. 대충 해도 되는데 왜 그렇게 피곤하게 사냐는 것이다. 상대방은 나를 참 피곤한 사람이라고 느꼈을 것이며, 세상 참 복잡하게 산다고 생각했을 것이다. 하지만 나의 피곤함으로 인해 주변 사람들의 사소하거나 소소한 만족과 즐거움이 채워지는 일들이 많아지기 시작했고, 나의 피곤함을 점점 인정해주는 사람들이 많아지기 시작했다.

그래서인지 나는 전혀 피곤하지 않았다. 마음이 가지 않는 일은 애초에 하지 않고 마음으로 하는 일이기에 기대하지 않는다.

이런 나의 마음은 사람을 대할 때도 어김없이 발휘된다. 복잡한 사람 관계가 모두 같을 수는 없다. 그래서인지 마음이 가는 사람과, 가지 않는 사람으로 분류하고 안타깝게도 관계의 선을 긋기 시작하면서, 한 번 그어진 선은 쉽게 변하지 않는다는 것을 알게 되었다.

잘 자란 사람이 좋다. 잘 자랐다는 표현은 금이냐 은이냐의 집안 수저도 아니고 학업이나 지식을 잣대로 말하는 것도 아니다. 혼자가 아니라 둘이거나 여럿일 때 매끄러운 관계를 위해 이어가기를 신경 쓰는 사람이며, 기분대로 말을 하는 것보다는 상대방이 들었을 때 불편한 감정이 들지는 않을지 한 번쯤은 생각해보고 말을 하는 사람이다. 절대적인 과학적 근거는 아니지만 이런 기준은 대부분 사람으로 성장하는 과정을 짐작할 수 있게 한다.

당연한 논리겠지만 그래서 잘 자란 사람에게 마음이 간다. 가족이든, 친구 사이든, 회사 동료든, 복잡하게 얽히고설킨 관계 속에서 틀어지지 않고 잘 유지하려 애쓰는 사람에게 마음이 간다.

마음이 가지 않는 사람은 늘 불편하다. 무슨 일이든 부정의 시선으로 바라보는 사람, 핑계가 많은 사람, 움직이려는 노력 없이 매번 말만 하는 사람에게는 마음이 가지 않는다. 마음이 가지 않는 사람들은 탓할 것도 무수히 많다. 자라온 환경 탓, 경제적인 어려움 탓, 부모, 자식, 남편 탓까지 꼬리에 꼬리는 무는 탓들이 난무한다.

가만 보면 참으로 슬픈 사람들이다. 주어진 것들을 탓하기보다 긍정적인 태도로 핑계 대지 않고 한 발자국이라도 떼고 나서 마음 담아 건네는 말 한마디의 가치가 더욱 크다는 것을 알지 못한다는 것이 애석하고 슬픈 것이다.

　마음을 담는다는 것을 단어로 표현한다면 '진심'이라는 뜻이 된다. 진심을 담기가 어렵다면 진심을 담은 척의 말 한마디면 그럴싸한 결과가 나온다. 탓이 많아 진심을 담기 힘들다면 척이라도 해봤으면 한다. 그렇게 하루가 지나고 이틀이 지나면 어느새 익숙함이 스며들어 스스로에게도 주변 모두에게도, 존재 자체만으로도 온화한 공기를 건넬 수 있는, 마음이 가는 사람이 되어 있을 것이다.

우리의 퇴근길

분주한 아침, 나는 회사로 너는 어린이집으로 출근한다. 서로의 고됐던 하루가 저물면 시댁에서 아이를 태워 다시 집으로 퇴근한다. 우리는 서로의 출퇴근을 나누며 어쩌면 하루 중 가장 바쁘거나 가장 지친 시간에도 늘 함께였다.

남편 만두씨가 출장을 가는 날은 왠지 모를 책임감이 더 생긴다. 그날따라 유난히 밝았던 달빛 아래로 벚꽃이 날리는 풍경이 눈앞에 펼쳐진다. 달빛에 홀렸나 벚꽃에 취했나 괜스레 기분을 내고 싶은 마음에 그대로 집으로 들어가기가 아쉬운 시간이 흘렀다. 하지만 어딘가로 가기에는 내일의 아침이 버젓이 기다리고 있기에 마음을 추스르고 나서는 미니만두씨에게 편의점에 가자고 명랑하게 말을 건네본다.

"우리 집에 들어가기 전에 편의점 갈까?" 혼자 먹을 저녁을 애써 차리기 귀찮았던 나는 간단히 맥주 한 캔에 어울릴만한 요깃거리를 찾고 싶었고, 미니만두씨에게도 오늘만큼은 먹고 싶은 간식거리를 고를 수 있는 소소한 즐거움을 주고 싶었다. 그렇게 편의점에서 각자의 먹거리를 한 봉지 사고 나오는데 미니만두씨의 소소한 행복이 터져 나오고 만다. "엄마, 나 안 그래도 편의점 가고 싶었는데 엄마가 먼저 가자고 해주고 맛있는 것도 많이 사줘서 고마워. 엄마 최고야."

만두씨의 출장 핑계로 대충 때우고 싶어 가자고 했던 편의점인데, 예상치 못한 감사의 칭찬을 듣고 나니 조금 숙연해진다. 나에게는 고단한 하루의 마침표로 찾은 곳이 다섯 살 아이에게는 엄마를 칭찬하게 만드는 세상의 행복을 느끼는 곳이 되다니 말이다.
  집으로 오는 길 잠시 돌이켜 본다. 그동안 편의점 앞 주차를 하는 것조차 귀찮아 갖가지 핑계를 대며 곧장 집으로 들어오고는 했다. 아이는 그때마다 아쉬운 마음을 어쩔 수 없이 달랬을 테다. 그리고서는 정작 나의 필요로 위해 찾은 편의점에서 생각지 못한 아이의 표현으로 나는 이기적인 어른이었음을 다시 한 번 느낀다.

회사 일에 지쳐 잔뜩 쉬어버린 파김치가 되어 돌아오는 날일 때면 아무도 없는 집으로 들어가 곧바로 침대에 눕고 싶은 생각이 절실하다. 그럴 때마다 지친 마음을 읽기라도 하는 듯 미니만두씨는 세상

반가운 미소로 나를 맞아주고 진한 포옹을 선사해준다. 그리고 나면 언제 그랬냐는 듯이 지친 하루가 씻겨 내려가 안정을 찾고 보드라운 아이의 숨결을 느끼며 다시금 내일을 꿈꾸고는 한다.

작고 동그랗던 아이가 자라 어느새 다섯 살이 되어 아쉬운 마음은, 여섯 살의 아이가 찾아오고 나면 이 또한 그리워질 게 분명하다. 아무리 생각하고 되짚어 봐도 우리 삶의 가장 큰 선물이다. 열 살이 되고 스무 살이 되어도 지금처럼 사소함 하나에 감사의 칭찬을 건넬 수 있는 아이로 자랐으면 한다.

내일은 좋은 엄마가 되어 줄게

유산이라는 두 번의 아픔을 겪고 지금의 아이가 태어났다. 뱃속에 품고 있던 열 달이라는 시간 동안 혹시라도 또다시 잘못되지는 않을까 하는 불안에 살아야 했고, 하루라도 빨리 아이를 만나고 싶어 전전긍긍했던 시간을 보내고 나서야 2.9kg 작고 동그란 아이가 태어났다. 그렇게 아이를 만난 그 순간부터 나는 좋은 엄마가 되어주겠다고 다짐했다.

열 시간이라는 진통을 겪고 태어난 아이는 처음 만나는 세상을 얼마나 빨리 보고 싶었으면 탯줄을 자르고 품에 안기자마자 눈을 동그랗게 번쩍 떠 올망졸망 반짝이고 있었다. 눈시울이 붉어진 남편에게 연신 아이가 이렇게나 예쁠 수 있냐며 울음이 가득 찬 목소리로 몇 번이고 되물어 보았으니 말이다.

아이는 잘 먹고 잘 자고 남들이 부러워하는 순둥이로 자라 주었다.

또래보다 유달리 빠른 적은 없었지만, 뒤집고 안고 기고 걷고 하는 것 모두 어려움 없이 잘 따라와 주었으며, 말을 하기 시작하면서부터는 하루하루 더 빠른 속도로 세상을 만났다.

그러다 아이가 여섯 살이 되던 해였다. 남편은 회사의 장기 프로젝트를 위해 제주로 출장을 가 있는 날들이 많아졌고, 그렇게 나에게는 회사 일과 함께 육아 독박이라는 고된 시간이 찾아왔다. 하루 종일 회사 일에 시달리고 저녁이 되어서야 마주하는 아이에게 하루 동안 쌓인 피곤하고 불편한 기색을 숨기기가 쉽지 않았고, 아이는 매일 저녁 놀아주던 아빠의 빈자리를 크게 느끼기 시작했다.

기관지가 약해 감기가 오래가는 줄만 알았다. 병원을 세 군데를 돌고 나서야 목이 불편해 고개를 드는 것이 아니고, 말로만 듣던 틱 증상이라는 것을 알아차렸다. 그때부터 틱 증상 관련 정보의 바다에 빠져 정확한 원인이 없는 불편한 증상에 대해 찾고 또 찾았다. 얼마 되지 않아 나는 아이의 원인을 찾을 수 있었다. 바로 불안감이었다. 그날 밤 아이가 잠들고 나서 나는 한참을 숨죽여 울었다.

고작 여섯 살 아이가 무얼 안다고 타박하고 짜증을 냈을까. 평소 같으면 아빠에게 달려가 마음을 위로받던 것을 못하게 된 아이는 얼마나 불안했을까. 자책으로 시작해 슬픔으로 번지는 시간이었다. 이러고서도 좋은 엄마가 되고 싶다는 혼자만의 억지스러운 이기심을 내려놓는 시간이었다.

며칠 밤을 그대로 반성의 시간으로 반납하고 나서야 남편에게 메시지를 보냈다. 남편은 다음날 곧장 비행기를 타고 집으로 왔다. 바쁜 시기지만 직원들에게 어려운 상황을 말하고 나니 다들 불편을 감수하면서까지 집에 다녀오라고 했다는 것이었다. 그렇게 남편과 함께 인생에서 중요한 것들에 대해 다시금 얘기를 주고받을 수 있었다.

다음날이 되어 어김없이 똑같은 일상을 보내고 아이를 챙겨 집으로 퇴근했다. 더 이상 이대로는 안 될 것 같아 평소 아빠랑 하던 게임을 해보자며 아이에게 말을 걸었는데, 의심스러운 눈초리를 잠시 보내더니 곧장 방으로 달려가 장난감을 꺼내왔다. 평소 같으면 제한을 두던 일들도 그날부터는 거둬들이기 시작했고, 아빠가 하던 모습을 흉내 내가며 한참을 놀고는 했다.

그렇게 아빠 흉내를 내며 아이와 함께 놀아주는 시간이 흘렀고, 한동안 피곤에 못 이겨 잠들기 전 책을 읽어주지 않았던 것을 반성하며 다시 아이에게 책을 읽어주기 시작했으며, 아이의 하루를 묻고는 이해하며 공감해 주는 척을 했다. 그렇게 며칠이 흘렀을까, 갑작스러운 아이의 마음 고백이 시작되었다. "사실 엄마랑 게임할 때 아빠만큼 재미는 없더라. 그래도 엄마가 자기 전에 다시 책도 읽어주고 잠들 때까지 이야기도 해주니까 너무 좋아. 엄마가 내 마음을 알아주는 것 같아서."

며칠을 잘 버텼는데 아이가 잠든 그날 밤 다시 한 번 펑펑 울었다.

고작 잠깐씩 놀아주고 자기 전까지 목소리를 들려준 것이 다인데, 작고 사소한 마음 하나로 아이는 다시 이겨낼 큰 힘을 얻은 것이다. 다시 한 번 자책이 슬픔으로 번지는 시간을 마주한다.

그리고는 피하지 않기로 다짐한다. 세상에서 무엇보다 소중한 내 아이의 행복을 지키기 위해 나는 밤을 지새우며 두고두고 잊지 않을 약속을 되새긴다. 그동안 힘들게 해서 미안했다고, 내일은 오늘보다 더 좋은 엄마가 되어 주겠다고, 그렇게 다짐으로 물들어간 반성의 밤을 보낸다.

김치

김치가 없는 밥상은 이상하게도 손이 가질 않는다. 갓 지은 쌀밥을 먹을 때도, 국에 말아서 후루룩 바쁘게 먹을 때도, 밥을 볶아 먹을 때도, 라면으로 대충 때울 때마저도 김치가 없는 밥상은 나에게 진짜 밥상이 아니다.

고작 대여섯으로 보이는 아이가 혼자 집에 있다. 말수가 없고 행동이 느린 아이는 먹을 것 하나만큼은 남들보다도 잘 먹어 치웠다고 한다. 어느 날 엄마가 잠깐 시장에 간 사이 제법 통통했던 아이는 배가 고파왔고, 먹을 것을 찾으며 두리번거리는데 점심을 먹고 한쪽으로 치워둔 찬밥과 김치가 보인다. 아이는 아무 말 없이 찬밥에 김치를 하나씩 올려 맛있게 먹었고, 시장에서 돌아온 아이의 엄마는 남겨두었던 찬밥에 김치가 비워진 것을 보고 놀라 물었더니, 배가 고파 먹었다며 빨개진 양 볼에는 매운 기색이 역력한데도 불구하고 그저 천진난만한 웃음을 지어 보였다고 한다.

다섯 살이나 여섯 살쯤의 이야기인데 나의 기억인지 엄마가 해준 이야기에 상상력이 더해진 것인지 명확하지는 않지만 나는 가끔 그 장면들이 기억이 난다. 해가 뉘엿뉘엿 지는 어스름한 시간, 얼굴이 토실토실한 아이가 맨바닥에 앉아 찬밥 한 그릇, 김치 한 접시만 놓은 채 숟가락 하나로 열심히 밥을 먹는다. 아이가 먹기에는 분명 매웠을 텐데도 불구하고 배고픔이 컸던지, 먹을 때마다 올라오는 매운맛을 참아가며 찬밥 한 그릇을 뚝딱 비우고 나서야 포만감을 느꼈던, 나의 어린 날의 기억이 때때로 생생하다.

그래서인지 나에게 김치라는 음식은 '식(食)'적인 요소에서 절대적으로 빠질 수 없는 핵심이다. 매콤하면서도 칼칼하면서도 느끼한 맛을 순식간에 잡아주는, 깔끔하고 정갈한 김치야말로 우리나라 음식 역사에 있어 절대적인 강자라고 생각한다.

또한 김치는 배추로만 제한되어 있지 않으며 무, 열무, 갓, 오이 같은 갖가지 제철 채소를 활용해 담글 수 있으니 그 다양함 또한 한식을 먹는 행복에 커다란 비중을 차지한다.

김치에 대해 생각하다가 별안간 나는 스스로가 불량 며느리인 것을 밝힌다. 일하는 며느리라는 타이틀로 시댁일에 크게 관여 못하고 사는데, 쌀쌀한 바람이 불기 시작할 때쯤이면 누구보다 제일 먼저 하는 일이 있다. 바로 어머님과 김장에 대해 상의하는 것이다. 365일 중 360일 정도는 불량 며느리로 살지만 가져다 먹는 어머님의 김치인 만큼 김장에 참여한다는 것은 결코 빠질 수 없는 상황이었기도 한다.

 사실 내가 유독 김장을 챙기는 이유는 또 하나가 있다. 김장하는 날에는 아버님이 외곽 시골에 있는 양조장까지 가셔서 직접 막걸리를 받아오시고는 하는데, 유독 아버님이 받아오시는 그 막걸리는 시중에 파는 맛과는 비교할 수가 없었기에, 어쩌면 나는 김장김치가 어우러지는 수육에 대미를 장식해줄 그 막걸리를 기다렸는지도 모른다.

 김치는 사람의 마음을 담고 있다. 좋아하는 만큼 수없이 다양한 김치를 맛보고 살아왔기에 김치를 맛보면 직접 담근 사람의 마음씨가 느껴진다. 간이 세거나 싱겁거나, 양념 속이 많거나 적거나, 멸치 액젓인지 새우 액젓인지에 따라 김치를 담그기 위해 몇 날 며칠을 준비해가며, 올해도 김장이 잘 되기를 바라는 마음들의 색이 보인다.

 그래서인지 먹을 때마다 다양한 맛을 느낄 수 있고, 그 안에 함께 버무려진 다양한 마음들을 느낀다. 그리고 나서는 찬밥에 김치 하나로 배고픔을 달랬던 다섯 살의 어린 나에게도, 참으로 씩씩하고 대견했다는 따뜻한 위로의 칭찬을 건네주고 싶다.

좋은 곳에 데려가 줄게

 만남은 중요하다. 매일 마주하는 가족이나 직장에서의 만남을 제외한다면 그 이외의 만남은 자주 있는 기회가 아니기에 일정을 조율해가며 만나서 무얼 하면 좋을지에 대한 고민은 결코 가볍지 않은 일들이며, 상대방이 좋아할 만한 곳을 찾고 고르는 일 또한 전혀 수고스럽지 않다. 좋은 공간에서 좋은 사람과 함께하는 시간만큼은 어디에서나 쉽게 얻지 못할 기분 좋은 영감을 얻게 해주기에, 약속을 정하고 준비하는 것은 나에게 중요한 일이 되었다.

 아이를 낳고 복직을 한 해였다. 그 당시 회사는 내가 사는 지역의 가장 중심 상권에 위치가 있었는데, 때마침 회사 주변으로 맛집과 카페들이 줄지어 생겨나는 시점이었다. 평소와 같으면 대부분 점심을 회사 구내식당에서 먹고는 했는데 어느 날인가 오전 내내 스트레스가 가득한 날이었다. 이대로 구내식당에서 점심을 해결해서는 안 될 것 같아 근처에 새로 생긴 일본 가정식집으로 향했고 예쁘게 차려진 점심을 먹으며 스트레스의 주범을 다 함께 곱씹으며 점심시간을 보냈다. 신기하게도 그렇게 점심시간을 보내고 나니 스트레스가 조금 풀리는 것이 아닌가? 단지 새로운 공간을 찾아 맛있는 밥을 먹으며 상사에 대한 험담을 늘어놓았더니 다시 열심히 일할 수 있는 기분이 찾아 들었다. 그때부터 스트레스가 심하거나 기분이 좋지 않거나 하는 날에는 일부러 맛집을 찾아다니는 습관이 생겼고 그렇게 다닌 맛집과 카페의 리스트들은 SNS에 기록을 남겨 사람들과 공유하고는 했다.

오랜만에 좋아하는 친구를 만나기로 했다. 하루 차이로 아이를 낳게 되어 조리원에서 만나게 된 조리원 동기다. 육아휴직 동안 함께 의지하며 결이 같은 마음을 나눈 소중한 친구였기에 서로의 육아 독박도 헤쳐 나갈 수 있었다. 휴직이 끝나고 나는 복직을 해 정신없는 워킹맘의 삶을 살고 있었고, 그 친구는 매일이 일상인 육아를 하고 있었는데, 어느 날 회사 근처에 볼일이 있어 나온다기에 같이 점심을 먹자는 약속을 했다. 나는 육아에 지쳐 있을 친구를 위해 좋아할 만한 근사한 맛집을 찾아냈고 동선이 편한 위치에 분위기 좋은 카페까지 알아두었다.

몇 달 만에 만난 친구는 나의 모습이 부럽다며 응원해준다. 나 또

한 친구의 모습이 부럽다며 서로가 서로에게 힘이 될 수 있는 말을 한 번이라도 더 해주려고 난리다. 그렇게 열심히 찾아낸 맛집의 근사한 메뉴들과 분위기 좋은 카페에서 먹는 디저트는 친구의 기분을 더욱 즐겁게 해주었고 우리의 대화는 쉴 새 없이 이어졌다.

점심시간이 지나 헤어지고 사무실로 돌아와 다시 일할 채비를 한다. 그새 집으로 돌아간 친구에게서 메시지가 온다. 잠깐이었는데 마치 여행을 다녀온 기분이라고, 별거 아닐 수 있는 만남에 신경 써줘서 고마웠다고, 덕분에 행복한 시간을 보냈다고, 아무렇지 않게 조용한 사무실에서 일하고 있는데 친구로부터 도착한 메시지를 보고 나서 인지 입가에 뜻깊은 미소를 머금는다.

나에게는 일상이 되어버린 점심시간이지만 누군가에는 이 짧은 한 시간이 잘만 계획한다면 크나큰 행복으로 다가갈 수 있음에 대해 잠시나마 생각해본다. 그리고 나는 친구에게 답장한다. "어느 날보다 너랑 함께인 오늘이 더 좋았어. 다음번에는 더 좋은 곳으로 데려가 줄게. 언제나 고마워."라고!

딸 부잣집의 둘째 딸

엄마는 딸만 내리 넷을 낳고 나서야 그토록 바라던 아들을 품에 안았다. 엄마가 아들을 안고 집으로 돌아오자 거제도에 사시는 큰고모가 올라와 한참을 돌봐주셨는데, 엄마는 그게 처음 맞아보는 산후조리라고 했다.

나에게는 세 살 터울의 언니가 있고 아래로는 여섯 살, 여덟 살, 띠동갑의 동생까지 셋이나 있다. 둘 셋도 많다던 시대에 오 남매로 살아온 성장기의 유년 시절은 어쩌면 당연하게도 여유롭지 못했다.

어릴 적 나의 기억은 언니 뒤를 졸졸 따라다녔다. 그러다 한 번씩은 말도 걸음도 느리던 내가 귀찮았는지 언니는 혼자서만 놀러 다니는 날들이 많았는데 느림보 이미지에 맞게 크게 서운해 하거나 속상하지 않았다.

그렇게 일곱 살이 되어 유치원에 다닐 무렵 다들 남동생이라고 기대했던 셋째가 태어났는데 복스럽게 보였던 생김새와 달리 또 딸이었다. 사람들의 실망이 컸지만 나를 낳고 6년 만에 어렵게 태어난 동생이라 그런지 내 눈에는 그저 귀여웠다.

어려웠던 세 살이를 벗어나 처음으로 조그마한 단층 주택으로 이사 가고 나서 얼마 되지 않아 넷째가 태어났다. 다들 마지막이라는 기대 속에 태어난 아이는 하늘도 무심할법하게도 또 딸이었다. 엄마는 출산만 하고 곧바로 집으로 와 이불이 깔린 안방에 누워 숨죽여 울었다. 누구보다도 기대가 큰 탓이었는지 아빠는 넷째 딸의 얼굴도 애써 외면하고는 했다.

두 명의 여동생들이 생기고 나서 엄마는 더욱 열심히 일해야 했다. 그렇게 동생들을 돌보는 건 나의 차지가 되었고 언니는 사춘기를 맞아 밖으로 돌기 일쑤였다. 학교를 마치고 돌아와 동생들을 챙겨 밥을 먹이고 낮잠을 재우고 한 손씩 양쪽을 잡고 학교 운동장에도 가고 제법 멀리 있던 시장 구경도 시켜 주고는 했다.

드디어 막내가 태어나던 날이다. 그때 당시만 해도 아이의 성별을 모르던 시절이었기에 만삭이 된 엄마의 배를 보며 우리 모두 숨죽여 똑같은 기도를 하고는 했다. 그렇게 네 명의 누나들의 간절한 기도 탓인지 결국 아들이 태어났고, 엄마는 그제야 두 다리를 뻗고 잘 수 있었다. 아빠 또한 마찬가지였으니, 꼬불꼬불 말린 전화기 줄이 다 팽팽해지도록 앉았다 섰다 반복하며 세상을 다 얻은 것 같은 표정으로 갓 태어난 아들 자랑을 수화기 너머로 쉬지 않고 쏟아내었다.

그렇게 세 명의 동생들을 돌보며 자라는 일은 당연하였고, 동생들 틈에서 사춘기를 겪고 원하는 미술학원을 포기하며 가까웠던 사립대를 갈 수 없었다. 언니 또한 진즉에 알아서 동생들을 챙기는 맏이가 되었고, 나 또한 밑으로 동생이 셋이나 자라고 있었으니 어쩔 수 없는 노릇이었다.

어느덧 시간이 흘러서 오 남매 모두가 성인이 되었다. 두 딸은 전문직으로, 두 딸은 성실한 회사원이 되어 결혼도 하고 아이도 낳았다. 막내아들은 아직 그렇다 할 결심은 보이지 않지만 세상에 나아갈 준비를 하고 있으리라 믿는다.

그리고 여름이 되면 오 남매 모두가 아빠의 과수원으로 몰려든다. 제각기 잘하는 역할을 맡고 아빠의 정성으로 길러낸 복숭아를 위해, 한 해 한 해 열심히 땀을 흘려가며 가족과 함께하는 감사한 시간을 보낸다. 그렇게 몇 번의 여름이 시작되고 나서야 아빠가 처음으로 말을 꺼냈다. "딸 넷을 안 낳았으면 어쩔 뻔했어." 아빠의 말에 막내아들도 고개를 끄덕인다. 그렇게 우리는 엄마 아빠의 정성과 희생으로 자라나 어느덧 딸 부잣집이 아니었으면 누리지 못할 행복을 누구보다 충실히 누리며 살고 있다.

별일 없이 지나가는 하루에 감사를

갑작스러운 것보다는 계획된 일들을 좋아한다. 생각하고 마음먹은 대로만 흘러간다면 더할 나위 없이 만족스러운 인생이 되겠지만 우리의 삶들은 그렇지 않은 날들이 더 많다. 그래서 한번 씩은 별일 없이 지나간 하루에 감사해본다.

스물세 살부터 서른여덟의 지금까지 육아휴직을 포함해 일하지 않았던 기간이 2년이 채 되지 않는다. 다행히 크게 쉬고 싶었던 적도 없었고 오랫동안 근무 한 회사에 대한 불평도 없었으니, 어찌 보면 남들 사는 것처럼 열심히 살아온 시간이다.

하지만 아이가 태어나고 워킹맘으로 살아오면서 매번 만족스러울 수는 없었고 어렵고 힘든 시간도 적지 않았다. 아이를 낳기 전에는 그 나이 때 직장인들이 겪을 스트레스로 조금 더 예민했던 것 같고,

아이를 낳고 나서는 워킹맘이라는 이름표를 달고 서러운 시간도 견디어내고는 했다.

가만 생각해보니 아이를 낳기 전후로의 시점이, 인생을 바라보는 관점의 기준이 된 것 같다. 아이를 낳기 전에는 모든 세상이 나를 위주로 흘러가기를 바랐는지 모른다. 마치 스스로가 대단한 것처럼 여기며 내가 아닌 다른 사람의 방향을 헐뜯으며 시기 질투했는지도 모른다. 돌이켜 보면 별거 없는 나를 애써 포장하고 남들이 부러워하는 자리에 올려놓고 싶어 의미 없는 욕심을 부렸는지도 모른다.

아이를 낳고 나서 곧장 바뀐 것은 아니지만, 신기하게도 사소함 하나에 감사하는 마음으로 변하기 시작했다. 잘 먹고 잘 자주는 것에 감사하고, 시기에 맞춰 기고 걷고, 옹알종알 한마디 한마디에 감사하기 시작했다. 아이를 떼어놓고 회사로 출근하고 나니 병원에 들르지 않는 저녁에 감사해지기 시작했다. 그리고 며칠씩이었지만 아이가 폐렴으로 고생하며 겪었던 두 번의 입원 생활 이후로는, 면역이 생겨 큰 탈없이 좋아지는 한 해 한 해에 감사하는 시간이 생겨났다.

아이가 하루하루 건강하게 자라고, 아픈 가족이 없고 스스로가 건강한 마음을 가지고 사는 것만큼 감사한 일이 없다고 생각해 본다. 요목조목 따지고 보면 잔잔한 지병은 하나둘 쉽게 찾겠지만 큰 무리 없이 함께 할 수 있는 시간이 만들어지고, 그 시간을 감사히 여길 수 있는 마음이 있다면 그걸로 됐다고 생각한다. 아무리 돈이 많아도 아무리 크나큰 명예를 가졌더라도 건강하지 못한 몸과 마음을 가졌다면 결코 행복해질 수 없으니 말이다.

별일 없이 눈을 떠 하루를 맞이하고 별일 없이 잠들 수 있는 하루에 감사해 본다. 누군가의 고민과 걱정, 누군가의 아픔과 슬픔이 있는 하루가 될 수도 있지만 모든 이의 복잡한 하루를 일일이 마주하며 살 수는 없다. 그게 설령 가까운 사이일지라도 사사로운 고민과 걱정부터 아픔과 슬픔을 혼자 짊어지지 않은 채 같이 나누고 마음 쓸 수 있다는 것 자체로도 감사하다.

그러니 별거 없이 지나가는 하루라도 헛되이 보내지 말자. 누구의 말처럼, 나에게는 별일 없이 지나간 오늘이 어제 죽은 이에게는 그토록 그리던 내일일 수가 있으리라!

결혼기념일

결혼기념일에는 특별한 것들을 한다. 평소에는 좀처럼 가보지 못하는 호텔에서 하룻밤 묵기도 하고, 분위기 좋은 레스토랑에서 스테이크를 주문하고 와인을 마셔본다. 그렇게 하루를 보내고 나면 마치 멋진 곳으로 여행을 떠난 것 같은 느낌을 받고는 하는데, 만두씨와 나는 특별한 순간을 위해 그렇게 우리만의 결혼기념일 여행을 떠난다.

우리의 신혼여행지는 그리스였다. 정확히 말하자면 그리스의 작은 섬인 산토리니가 주 목적지였다. 지금 생각해보면 다소 늦은 감이 있지만 우리에게 해외여행은 신혼여행이 처음이었으며 그것도 유럽 여행이라니, 긴장감 반 설레임 반으로 떠났던 여행이었다. 산토리니로의 신혼여행은 나의 버킷리스트이기도 했던 터라 그곳에서의 시간은 꿈만 같았고, 그렇게 시작이 되어 결혼기념일에는 여행을 가자는 행복한 약속을 나누었다.

　결혼 1주년에는 보라카이를 다녀왔고 2주년에는 홍콩을 다녀왔다. 3주년에는 곧 태어날 뱃속의 아이와 함께 결혼기념일보다는 조금 이른 시기에 맞춰 베트남 다낭으로 태교 여행을 다녀왔다. 그리고 아이가 태어나고 한 달이 조금 지나 정작 다가온 결혼기념일에는 집에서 훈제오리를 구워 먹었는데 기분이 참 이상했다. 태어난 지 고작 한 달이 조금 넘은 신생아를 둔 부모였기에 어디론가 움직일 수 없는 것은 당연한 상황이었는데, 막상 아이를 간신히 재우고 불 꺼진 주방에서 쫓기듯 먹는 훈제오리의 맛은 이 맛도 저 맛도 아니었으니 말이다.

　그렇게 1년이 흐른 다음 해에도 결혼기념일은 어김없이 돌아왔다. 1년이 지났으니 아이는 어느새 두 살이 되어 시댁에 잠깐 맡기고 분위기 좋은 레스토랑을 찾았다. 가격표를 따져가며 그나마 저렴한 스테이크에 하우스 와인 한 잔씩 시켜보았는데 그래도 그럴싸한 저녁이었다. 아이를 맡기고 온 탓에 여유롭지 못한 저녁을 먹고 돌아오는데, 그 해의 결혼기념일은 어색하기는 했지만 다행히 훈제오리를 먹었던 작년보다는 훨씬 나은 시간으로 흘러갔고, 내년에는 더 좋은 시간을 보내리라 조용히 되뇌어 보는 밤이었다.

　어김없이 돌아오는 5월의 결혼기념일은 나를 분주하게 한다. 그냥 보낼 수 있는 시간이기도 하지만 이상하게도 꼭 알아줘야 할 것 같은 기분이 들게 하는 날이다. 아이가 태어나던 해 불 꺼진 주방에서 쫓기듯 먹었던 훈제오리가, 그 당시 호르몬 영향을 받고 있던 나에게는 커다란 서러움으로 다가왔었는지도 모른다. 그래서 나는 5월이 다가오기 전부터 미리 준비하곤 하는데, 언젠가부터 남편 만두씨에게는 부담을 주지 않는다. 결혼은 혼자 한 것이 아니고 둘이 함께 약속해 가며 이루어낸 것이니, 이날만큼은 누구 하나에게 바라고 기대하는 것은 잘못된 생각이라는 것을 깨달았다. 다행히 만두씨는 내가 하자는 대로 군말 없이 따라와 주어 우리의 결혼기념일들은 나의 계획대로 잘 흘러가곤 한다.

어느덧 결혼 10주년이 되었다. 해마다 특별한 시간을 보내기 위해 함께한 시간을 알리는 숫자 초를 꽂고 촛불을 불었다. 10주년인 만큼 조금 더 특별한 시간을 보내고 싶었는데 다행히도 나는 반년 정도의 육아휴직을 쓰고 있고, 아이는 초등학교에 입학해 첫 여름 방학을 기다리고 있으며, 남편 만두씨까지 리프레쉬 차원으로 보름 정도의 휴가를 낼 수 있는 기회가 생겼다. 우리는 비용의 문제를 거듭하고 거듭하여 남프랑스 보름 살기를 선택했고 그렇게 다가올 여름 방학을 기다리고 있다.

10년 전 그리스 산토리니를 떠나며 10년 뒤에는 꼭 다시 와보자는 약속을 했다. 약속할 때만 해도 그리스를 시작으로 유럽 각 곳을 누비며 살 수 있을 줄 알았다. 하지만 아쉽게도 유럽 여행의 경험은 신혼여행이 처음이자 마지막이 되었기에, 살면서 산토리니 다음으로 가보고 싶었던 남프랑스로 떠난다.

10년이라는 시간 동안 달라진 것이 있다면 나와 만두씨 나이의 앞자리가 바뀌었으며, 늘어진 뱃살과 눈 밑 주름과 머리카락을 들추면 보이는 흰머리. 강산도 변하는데 어쩔 수 있으랴. 하지만 그보다 확실한 것은 그때는 둘이었지만 지금은 셋이 되었고 우리의 행복도 둘에서 셋만큼 벅차게 늘었다는 것이다.

그래서 우리는 올해도 약속해 본다. 잘 버티며 견뎌온 우리의 시간만큼 앞으로 다가올 결혼기념일들도 특별한 여행을 가자는, 우리만의 약속을 해본다.

3

미라클 모닝

1월에는 아프다

새해가 돌아오면 나는 꼭 한 번씩 아프기 시작한다. 처음에는 매서운 겨울의 감기 정도로 여기며 진료받고 약을 먹어가며 며칠 버티는 것으로 괜찮았다. 그런데 이상하게도 감기는 해를 더해 갈수록 이곳저곳으로 퍼지며 더욱 지독해졌다.

여느 직장들과 다름없이 내가 다니는 회사 또한 새해는 매우 분주하게 시작이 된다. 지난 연말에 승진했든, 승진에서 미끄러졌든, 새해는 더욱 매섭게 몰아치면서 시작이 된다. 승진했으면 그에 상응하는 역할을 해야 하고, 승진에 미끄러졌다면 다시 한 번 일 년을 도약의 기회로 삼아야 한다. 그런데 이상하게도 전자도 후자도 아닌데 나는 늘 분주했다. 정작 한 발짝 물러나서 적당히 흐르는 물결에 둥실 떠 있기만 해도 그럭저럭 잘 흘러갔을 텐데 나는 무얼 위해 그렇게 분주했을까 생각해 본다.

  1월의 냉랭한 온도 때문인지 자고 일어나니 목이 칼칼해졌다. 그리고서는 기침이 나고 열이 나기 시작했다. 회사에서 점심을 먹는데 삼킬 때마다 통증이 느껴진다. 며칠 전 회사 앞 내과에서 받아온 감기약이 소용이 없는 모양이다. 퇴근하고 집에 가는데 다시 열이 오르기 시작해 집 앞 가정의학과 병원에서 진찰을 보기로 했다. 원장님은 나를 진찰하기 시작하는데 어쩌면 한의학을 복수 전공하셨는지 왼쪽 손목의 맥을 짚더니 놀라신다. 이 정도였으면 밥 먹는 것이 힘든 것은 물론 눈도 잘 보이지 않고 귀도 먹먹하지 않았냐며 왜 이제야 병원을 찾았냐고 나무라신다. 순간 나의 의아한 표정이 말로는 뱉지 못한 생각을 대신 비춰준다. 나는 정말 몰랐다. 그 정도의 불편함은 세상사람 모두가 버티며 사는 줄 알았다.

  원장님의 걱정스러움에 놀란 나는 무슨 큰 병인 것만 같아 단순한 감기가 아니었냐는 물음을 던지는데, 진료실 안에는 걱정으로 꽉 채운 적막의 공기가 흘렀다. "실례지만 하시는 일이 어떤 일인지 물어봐도 될까요? 이 정도의 스트레스를 받으면서까지 어떤 일을 하는지 궁금하네요." 결론은 스트레스였다. 나는 순간 자신 없는 목소리로 대답을 이어간다. "그냥 일반 회사에 다니는데 연초라 신경 쓸 일들이 많아서 그랬던 것 같아요. 그런데 저 내년 연초마다 이렇게 아프곤 했는데 감기가 아닌 거예요?"

원장님은 이해가 어렵다는 표정으로 양해를 구하고는 귀 뒤쪽으로 이어지는 뒤통수를 지그시 눌러주다 또 한 번 놀라신다. 귀 뒤쪽의 혈이 꽉 막혀 있을 정도로 왜 그리 버티면서 지냈냐고 다그치신다. 그렇게 양쪽의 혈을 몇 분 정도 눌렀을 뿐인데 신기하게도 뿌옇던 시야가 갑자기 잘 보이기 시작했다. 이 원장님 의사 면허증은 있는 분이 맞을까? 한의원에 계셔야 할 분이 아닐까? 혼자만의 오지랖이 통증에 섞여 함께 흘러갔다.

신기하게 몇 분간의 지압만으로도 훨씬 선명해진 시야를 볼 수 있었고, 며칠 쉴 수 있으면 회사에 말하고 쉬어야 한다는 원장님의 권유에 연초라 그러기가 쉽지 않다며 수액이라도 맞고 버티겠다고 했다. 그렇게 수액을 맞고 처방받은 약에는 '신경안정제'라는 성분의 약이 소량 들어가 있었고 계단에 멈춰 선 나는 갑자기 발걸음이 떨어지지 않는다. 굳이 묻지 않아도 이유가 가득 찬 눈물 몇 방울이 계단으로 뚝뚝 떨어진다.

계단으로 떨어진 눈물 때문이었는지, 처방받은 약에 들어가 있는 신경안정제 때문이었는지, 눈은 감고 있어도 마음은 잠들지 못한 밤이 흘러가고 나서야 팀장님께 어려운 말문을 꺼내 이틀을 쉬기로 했다. 회사생활 10여 년만 처음으로 갖는 연초의 휴식이었다.

건강식을 챙겨야 할 것 같아 삼계죽을 시켜 천천히 조금씩 한 그릇을 비워 내고, 평소 TV 볼 시간도 없던 삶들의 연속이었기에 허락된 이 시간을 놓치고 싶지 않아 어릴 적부터 좋아했던 잔잔한 애니메이션을 몇 편 본다. 주인공들은 하나같이 세상 물정 모르고 순수한 마음을 가진 채로 세상의 풍파와 우여곡절을 겪어나가지만 꿈과 희망을 놓지 않는다. 그렇게 간절히 세상에 외치고야 마는 주인공들에게는 비로소 평안한 날들이 찾아온다.

왜 그렇게 회사 일에 몸을 갈아 넣으면서까지 고군분투하며 살았을까? 자격지심 때문이었을까? 대충 살아도 되는데 왜 그렇게 인정받고 싶어 스스로 몰아쳤던 것일까? 그렇게 해서 내가 얻는 게 뭐였지? 이렇게 아프고 나면 아무짝에도 소용없는 것을.

조금은 대충 살기로 마음 먹어본다. 말은 이렇게 하지만 실상은 대충 살지 못할 것을 알고 있으니 지금보다 아주 조금만 대충 살기로 한다. 나 하나쯤 대충 살아도 회사 일은 잘 돌아가고, 사람들과의 관계도 문제없을 것이며, 심지어 월급도 꼬박꼬박 나온다는 사실을 다시 한 번 일깨워 본다.

조금은 대충 살아야 오늘 아침 하늘이 푸른지, 따뜻한 봄바람이 불면 귀엽게 올라오는 새싹의 빛깔이 초록인지 연둣빛인지를 볼 수 있고, 먹고 싶은 음식 리스트를 나열해가며 점심의 메뉴를 고르는 일과, 퇴근길 가로등 불빛이 어제보다 오늘 더욱 빛나는 것을 느낄 수 있을 것이다.

오늘부터 나만의 애니메이션의 주인공이 되기로 한다. 서투르고 실수투성이의 주인공이 우여곡절 많은 난관을 거치고 나면 그토록 그리던 꿈과 희망을 얻고는 한다. 지금 겪는 거센 파도와 비바람도 시간이 지나 어느 나이쯤 되면 두려워 피하지 않고 시원하게 맞닥뜨려 즐길 수 있으리라 다짐해 본다. 돌아오는 내년의 1월에는 더 이상 아프지 않고 건강히 보내기 위해, 나는 그렇게 처음 살아보는 나의 인생이라는 애니메이션의, 서투르지만 열렬한 주인공이 되기로 한다.

찬란한 소풍

　회사 동기들과 급작스러운 여행 일정을 잡았다. 작년에 셋 다 승진에 미끄러졌고 승진 대상조차 오르지 못했다는 후일담이 일탈을 도모하게 했다. 셋 다 워킹맘인 만큼 오랜 시간 집을 비우지는 못하는 터라, 2박 3일 칭타오 패키지여행을 결제했다. 말도 안 되는 가격이라 급히 결제하고 나서 줄곧 눈에 들어온 것은, 저녁마다 이어지는 '양꼬치 칭타오 무제한'이라는 문구였다.

　여행을 일주일 앞두고 TV 뉴스의 소식들이 심상치 않았다. 중국발 코로나바이러스가 전 세계에 퍼질 조짐이라는 것이다. 조마조마하던 우리의 바람과는 달리 결국 여행사에서 취소 안내가 왔고 '양꼬치에 칭타오 무제한'은 그렇게 물 건너갔다. 아쉬운 마음에 동네 양꼬치집에 모여 여자 셋이서 칭타오 스무 병을 마셨다.

며칠이면 잔잔해질 줄 알았던 바이러스의 기승은 전 세계를 강타하며, 난생처음 긴 재택근무를 경험하게 했다. 회사도 어린이집도 길거리 모두 모두 텅텅 빈 시간이었다. 두려움이 코앞까지 밀려와, 한 달째 집에 있다가 도저히 안 되겠다 싶어 마스크를 두 개씩 끼고 동네를 산책해보기로 했다.

바깥세상에는 어느덧 따뜻한 봄이 찾아와 있었고, 곳곳의 계절 맞은 꽃들이 찬란하게 피어있는 모습이 어쩌면 더욱 야속해 보이기까지 했다. 조심스럽게 놀이터도 가보고 핫도그를 사서 아무도 없는 벤치에 앉아 맛있게 먹고 집으로 돌아오는 길에 미니만두씨가 말을 건네 온다.
"엄마, 오늘 너무 재밌었다 그치? 우리 오늘 소풍이라고 하는 거 어때? 산책도 하고 놀이터도 가고 맛있는 핫도그도 먹었으니까."
여러 가지의 복잡한 감정이 들어 나와 만두씨는 잠시 말을 잇지 못했다. 고작 다섯 살밖에 되지 않은 아이의 벅찬 감정이 이렇게나 슬프게 들려온다는 것이 잠시 숙연해지게 만들었다.
힘든 세상을 겪게 해서 미안한 마음이 먼저였다. 사소한 일상 하나가 이렇게나 특별한 날로 기억된다는 것이 한편으로는 애석하기도, 고맙기도 했다.
아무것도 모른 채 세상에 태어난 아이, 세상이라는 존재를 지금의 두려움보다 앞으로 다가올 행복한 시간들로 보냈으면 하는 바람이다.

    그렇게 3년이라는 시간을 보내고 어느덧 길고 길었던 바이러스의 일상화가 시작되고 있다. 지금도 미니만두씨는 산책하고 놀이터를 가고 핫도그를 사 먹는 일을 행복이라고 알고 있기에 이 행복을 오래오래 지켜 주고 싶다. 다시금 봄이 찾아왔다. 이번에는 놀이터에 핫도그가 아닌 정성 들여 준비한 도시락을 들고 따뜻한 날씨를 온전히 즐길 수 있는, 마음 놓고 편안히 쉴 수 있는 우리의 찬란한 소풍을 떠나보려 한다.

청소의 기운

나는 청소를 좋아한다. 수시로 하고 싶어서 하는 것은 아니지만 해야 하는 일이기에 미루지 않고 그때그때 하는 것을 좋아한다. 누군가를 맞이하기 전에도 아무도 없이 혼자서 쉬기 전에도 청소를 끝내야 마음이 편해지는 조금은 피곤한 강박일 수도 있다.

어릴 적 나는 온순한 성격이었다. 꾀가 많았던 언니와 같이 방을 쓰며 자랐는데 어쩔 수 없이 방을 청소해야 하는 역할은 나의 몫이 되었고, 아침마다 방을 한가득 어지르고 가는 언니와 달리 나는 쓰고 난 물건은 바로 제자리에 두는 버릇이 생겼다. 방을 치우는 건 나의 몫이었으니 하나라도 덜 치우기 위해서 당연한 버릇이었는지도 모른다.

가끔 마음이 복잡해지는 일이 생기면 며칠 전에 이미 해놓은 화장실을 다시 청소하고는 한다. 화장실 문을 닫고는 샤워기로 구석구석 물을 뿌려댄다. 평소에는 하지 않던 천장에도 가득 물줄기를 뿌리고 받침대를 밟고 올라가 팔이 쑤시도록 천장을 닦아 낸다. 대충 물때만 씻기던 욕조도 비좁은 틈새 사이까지 찾아내어 반짝반짝 윤을 낸다. 그렇게 청소가 끝나는 물줄기를 다시 한 번 뿌려주고 나면 신기하게도 복잡했던 마음이 반 정도는 정리가 된다.

 휴직하고 나서 평일의 아침은 허투루 지나칠 수 없는 소중한 시간이다. 남편이 먼저 출근하고 나면 아이를 등교시키고 나서야 비로소 나만의 시간이 찾아온다. 그대로 소파에 누워 TV를 켜는 모습이 당연할 수도 있겠지만, 슬리퍼를 신지 않고 온 집안을 돌아다닌 우리 집 남자들의 발자국을 닦아 낸다. 물론 하루 정도는 닦지 않아도 전혀 문제는 없다. 하지만 밤새 얼룩진 발바닥 자국을 닦아 내고 나면 나의 하루의 시작을 소중히 여기는 느낌이 들고는 하는데, 그런 까닭으로 아침 청소야말로 중독성 강한 루틴이 되었다.

 집 밖을 나가기 전에 집을 깨끗하게 정리하고 나가는 것을 좋아한다. 볼일을 먼저 보고 들어와서 청소를 해도 상관은 없다. 하지만 밖에서의 일은 아무리 계획한다 해도 생각지 못한 방향으로 흘러가 더 좋을 수도 있고, 예상보다 어려워질 수도 있다. 좋은 결과든 좋지 못한 결과든, 둘 중의 하나의 결과를 만들고 집으로 돌아왔을 때 말끔

한 집이 반겨준다면, 좋은 결과는 더 좋아질 수 있고 좋지 못한 결과도 말끔한 집을 보면서 조금이나마 기분 전환이 되고는 한다.

청소는 단순히 어지럽게 어질러진 공간을 정리하는 것으로만 끝나질 않는다. 스치는 공간 하나하나 닦고 윤을 내는 것이야말로 어찌 보면 나를 닦아 빛내주는 정화의 시간인 것이다. 그렇게 거실도 주방도 화장실까지 깨끗해지면, 비로소 한결 맑아진 청소의 기운을 받아 다시 한 번 바깥세상의 문을 열고 나갈 수 있는 힘을 얻는다.

소중한 봄의 시간

 7년 전 벚꽃이 만발했던 4월의 어느 날, 만삭의 몸으로 꽃구경을 마치고 좋아하는 냉면집을 찾아가 점심으로 물냉면 한 그릇을 먹고 당분간 못할 저녁외식일 것만 같아 육즙이 잘잘 흐르는 소고기에 된장 밥까지 가득 먹고 나서야, 다음날 새벽부터 이어진 열 시간의 진통 끝에 우리는 눈에 넣어도 아프지 않을 미니만두씨를 만났다. 춥지도 덥지도 않은 따뜻한 봄날에 그렇게 우리에게 와주었다.

 어느 날인가부터 미니만두씨는 뱃속 시절부터 태어날 때 마주한 이야기를 좋아한다. 임신했을 때 아이를 위해 좋은 것만 보고, 좋은 것만 듣고, 좋은 것만 먹으려고 노력했다는 이야기부터, 열 시간 진통 끝에 태어난 아이를 봤는데 두 눈을 동그랗게 뜨고 있어서 너무 예쁘고 신기했다는 이야기까지 들려줄 때면, 아이는 세상을 다 얻은 것 같은 행복에 휩싸이고는 한다.

그래서인지 우리는 아이가 태어난 봄을 열심히 채우려고 한다. 얼어붙었던 땅이 녹고 새싹이 올라오는 모습을, 거리마다 줄지어 서 있는 벚꽃 나무를, 밤이면 집 앞 하천에서 울어대는 개구리들의 제각기 다른 합창을, 바라봐주지 않으면 지나치기 쉬운 봄의 모습을 찾아 우리는 열심히 두어 달의 시간을 가득 채워 본다.

지독했던 코로나바이러스의 끝을 알리는 해의 봄이 시작되었다. 세상을 뒤흔들었던 바이러스는 꽃이며 바람이며 아무것 하나 느끼지 못하도록 꽁꽁 묶은 채로 흘러갔다. 그렇게 3년이라는 시간을 보내고 나니 드디어 바이러스의 끝은 보이기 시작했고 묶어 두었던 계절의 환대들이 하나둘 시작되었다.

세 식구는 그동안 흘려보내기만 했던 벚꽃놀이를 핑계로 밖으로 나간다. 세상은 이미 꽃 천지, 사람 천지였다. 그동안의 아쉬웠던 마음을 위풍 당당히 꺼내 한껏 자랑을 뽐내는 벚꽃들은, 오랜만에 구경 온 사람들에게 좀 더 가까이에서 인사라도 하듯 한 잎 두 잎 흩어지기 시작하더니 머리 위에도 어깨 위에도 살포시 내려앉는다.

벚나무들이 줄지어 서 있는 하천의 모습은 그야말로 소풍이다. 그동안 텅텅 비었던 잔디밭에는 너도나도 자리 잡고 앉아 꽃잎 흩날리는 봄날의 밤을 제대로 만끽 중이고 떡꼬치에 핫도그에 갓 튀겨낸 회오리 감자까지, 푸드 트럭 앞에 줄지어 서 있는 사람들의 표정은 어떠한 긴 줄도 기다릴 수 있다는 듯 다들 활기로 가득 차 있다.

  핫도그 두 개, 회오리 감자 하나를 사 손에 들고 활기찬 봄날의 밤 풍경을 함께 즐긴다. 길게 늘어선 야시장의 구경거리가 끝이 없다. 평소에는 한번쯤 고민해 볼 쓸모없는 작은 열쇠고리까지 미니만두씨에게 선뜻 사주고 나니 아이는 그새 행복한 표정으로 가득 찬다. 높게 뜬 밤하늘의 보름달이 봄날의 소풍을 환하게 비춰 준다. 그동안 애썼노라고, 애쓴 만큼 이제는 좋은 일들만 가득할 거라고, 벚꽃의 밤 소풍을 즐기는 사람들과 그 속에서 행복하게 웃고 있는 우리까지 그렇게 소중한 봄의 시간을 비로소 온전히 느껴본다.

사진으로 남기는 오늘의 기록

나는 사진을 좋아한다. 찍는 것도 좋아하고, 찍히는 것도 좋아한다. 오늘의 순간은 내일과 똑같을 수 없고 오늘의 나는 내일의 나와는 분명 다를 테니, 지금 느끼는 좋은 순간의 감정을 최대한 담아 놓는 것이야 말로 잠시나마 시간의 흐름을 움켜쥘 수 있는 유일한 방법이라고 생각한다.

어릴 적 우리 집에는 제대로 된 카메라가 없었다. 아빠는 한 번씩 일회용 카메라를 사 와서 별거 없는 우리들의 모습을 담고는 했는데, 돌돌 말린 필름을 뽑고 나면 한 통의 절반은 구도도 초점도 흔들리기 일쑤였다.

그러다 스무 살이 되었을 때 우리 집에는 디지털카메라가 생겼다. 그 카메라는 어느덧 나의 소유가 되었고 늘 챙겨 다니는 소지품이 되었다. 그 당시 사진은 친구들과의 추억 사진들로 가득했고, 소소한 일상을 담아내는 순간들이 좋았다.

사진을 열심히 찍었던 이유 중의 하나는 싸이월드라는 그 당시를 풍미했던 SNS 때문이기도 했다. 나는 소중한 이십 대를 싸이월드라는 세계에 고스란히 기록했고, 제법 사람들에게 인기가 많아 도토리를 사고 일촌을 맺는 일은 또 하나의 즐거운 세상이었다.

시대의 흐름에 맞춰 여러 SNS를 거치고 난 지금은 인스타그램이라는 계정에서 기록하고 있다. 아이의 탄생부터 육아의 흔적들, 맛집과 카페를 찾아가는 일, 그리고 소중한 사람들과의 여행 기록까지, 지나쳐 가는 시간을 하나하나 사진에 담아 남겨두는 일은 일은 나에게 있어 중요한 일 중의 하나이다.

사진을 찍고 기록해두는 일을 중요하게 생각해서인지 어느 순간 남들보다 사진을 잘 찍는 기술을 얻게 되었다. 같은 장면이라도 남들보다 그럴싸하게 바라볼 수 있는 눈이 생겼고, 같은 공간이라도 남들보다 예쁘게 담아낼 수 있는 손이 생겼다. 가만 생각해보면 재능이라면 재능일 수 있는, 눈과 손을 물려주신 부모님께 감사하는 마음이 생겨난다.

소중한 순간을 담아내고 기록할 수 있는 것에도 감사해본다. 찍고 나면 그만인 사진이 아닌 시간이 흘러 꺼내어 봐도 그때의 감정이 살아나는 사진을 찍고 싶다. 친구들과 철없이 즐거웠던 순간도, 가족과 함께는 소중한 기념일도, 초록의 잎들이 자라나 꽃을 피우는 경이로운 순간도, 담아내지 않으면 순간의 표정은 기록할 수 없으니까.

그래서 나는 오늘도 열심히 사진을 찍는다. 예쁘고 멋진 것도 좋고, 창문으로 들어오는 소소한 햇살 하나도 좋다. 순간순간이 모여 기록이 되고 그 기록들이 쌓이면 또 하나의 인생으로 흘러간다. 내일이 되면 돌아오지 않을 소중한 인생의 기록을 조금이라도 예쁘게 담아내고 싶다. 어쩌면 구도와 초점은 죄다 흔들려도 반짝이던 딸들의 어린 시절을 누구보다 잘 찍어주고 싶었던, 지금의 나보다 젊었을 아빠의 마음을 닮았는지도 모른다.

내가 문제라고 생각해

미루고 미루던 골프를 배운다. 회사 직원들이 추천해준 실력 좋은 프로님께 배우고 있는데 실력은 도무지 늘지 않는다. 높았던 자존감은 저 아래로 떨어진 지 오래고, 그동안 나는 제법 잘할 수 있는 것들만 하고 살았구나, 라는 생각을 하게 되는 요즘의 시간이다.

이제껏 살면서 운동해 본 경험이 없다. 어릴 때는 주말마다 아빠 손에 끌려다녔던 약수터 가는 길의 등산이 다였고, 고등학교 방학 시절에는 친구들 손에 끌려다녔던 헬스장이 다였다. 그러니 나의 운동신경은 늘상 하위권을 맴돌았고 몸으로 하는 일은 말 그대로 젬병이었다.

떠올려보니 자발적인 운동을 해본 경험이 딱 한 번 있다. 지금의 소중한 아이가 태어나기 전 나는 유산이라는 슬픔의 고통을 두 번이나 견뎌내야 했다. 처음 겪었을 때는 산고의 고통에 3분의 1정도 느꼈던 신체적 아픔 때문이었는지 잘 모른 채로 보내줘야 했고, 두 번째의 경험은 이미 알고 있는 것을 또다시 겪지 않기 위해, 한 달이 넘는 동안 임신 관련 휴가를 내고 집에만 누워있었다. 그렇게 10주를 버겁게 지켜온 뱃속의 '젤리곰'은 매정하게도 다음번에 다시 오겠다며, 힘겨운 작별 인사를 했다. 주변에 의지할 사람이라고는 남편밖에 없었다. 며칠을 부둥켜안고 울고, 그렇게 일주일을 꼬박 쏟아내고 나서야 다시 회사로 출근할 수 있었다.

두 번이나 겪은 슬픔이 얕아지고 나니 도리어 화로 바뀌는 순간이 찾아왔다. 처음에는 급할 때만 찾고는 했던 여러 신들에게 화가 나다가 그 화살은 어느새 나에게로 돌아왔다. 얼마나 몸을 함부로 여기고 살았으면 소중한 생명이 두 번이나 찾아와 주었는데도 지키지 못하고 보냈나, 하는 스스로에 대한 원망들이 솟구쳤다. 그날부터 나는 공부를 하기 시작했고, 유산과 임신에 대한 지식을 머릿속에 닥치는 대로 집어넣고는 했다.

여러 가지 잡다한 지식의 결론은 몸이 차다는 것이다. 양학에서는 혈액순환의 문제로 삼고, 한의학에서는 수족냉증의 원인으로 꼽는다. 평소 입에 달고 살던 커피를 끊고 직접 만든 생강 청을 물에 타 수시로 마시기 시작했다. 땀이 나는 날씨였지만 그렇게 좋아하던 냉면도, 수박도, 아이스크림도 모두 끊었고 신체적인 문제를 개선하기 위해 난생처음 필라테스라는 운동을 등록해 매일 다니며, 이제껏 살면서 처음으로 자발적인 의지로 시작한 운동인 만큼 남들보다 더 열심히 땀을 쏟아내었다. 두 번이나 힘든 슬픔을 겪은 나에게 남은 것이라고는 오직 오기였으니 말이다.

근본적 원인을 고쳐서였는지, 나의 노력을 알아주었는지, 아니면 다시 한 번 때가 돼서인지 명확한 근거는 꼽을 수 없지만 그렇게 소중한 생명이 다시 찾아와 주었고, 정말 '눈에 넣어도 아프지 않다'라는 말을 하루하루 실감하며 나에게 주어진 엄마의 삶을 열심히 채워 나가고 있다.

모든 일은 나의 문제인 것이다. 세상일에 대해 스스로만 탓하며 살자는 이야기가 아니다. 사람들은 되지 않는 일들을 수없이 겪으며 살아가곤 하는데 혹자는 애초에 포기해버리고, 혹자는 끝끝내 원인을 찾아내어 결국은 이루어낸다. 원인 없는 문제는 없다. 무엇인가를 간절히 이루어내고 싶다면 방해의 원인을 찾아봐야 하는데, 신기하게도 그 원인은 나의 행동과 생각과 마음에 따라 좌지우지되는 일들이 빈번한 경우를 볼 수 있다. 나를 문제로 삼는 일이야말로 되지 않는 일들도 되게 만드는 해결책인 것은 부정할 수 없다.

어깨가 돌아가지 않고 팔만 내리는 것이 나의 문제이다. 골프 칠 때 말이다. 모든 골프인이 느꼈을 법한 원인일 테지만 나는 나의 문제를 잘 알아차리고 있다. 아직은 골프공과 함께 떼굴떼굴 바닥으로 굴러다니는 자존감이지만, 나의 문제를 알고 있으니 곧 저 멀리 날려 보낼 수 있는 날이 다가오리라 생각한다. 45.9g의 반질반질한 골프공도, 다시 찾을 나의 자존감도 머지않아 빛날 것이다.

나에 대해 잘 안다는 것

　나의 어린 시절은 그다지 유복하지 못했다. 딸만 내리 넷을 낳고 나서야 엄마는 그토록 바라던 아들을 품에 안았다. 나는 둘째 딸로 태어나 내성적이고 느린 성격으로 자랐는데, 사춘기가 지나 뜻이 맞는 친구들을 만나고 나서부터 여느 여학생들처럼 하고 싶은 것들이 넘쳐나는, 꿈 많은 소녀로 자라났다.

　하지만 첫째로 태어난 언니는 아래로 넷이나 되는 동생들을 의무처럼 챙기곤 하였는데 그런 모습을 보고 있자니 나 또한 하고 싶은 것을 적당한 선에서 택하거나, 애당초 셋이나 되는 동생들의 순서를 위해 하나둘씩 포기할 수밖에 없었던 시간 속에서 자라났다.

　대학에 미끄러지면서 집안 형편으로 원하는 대학에 가지 못했다. 반쯤은 다행이었나, 스스로에 대한 부족함을 채찍질로 바꾸고 차선책으로 선택한 대학에서 부지런히 교내활동을 해가며 취업을 준비했고, 덕분에 남들보다 일렀던 첫 취업의 단꿈을 맛보았지만 부풀었던 희망은 고작 인턴 생활만 하고 다시 원래의 자리로 내려와야 했다.

스무 해 하고 조금 넘은 인생에서 절망이라는 감정을 제대로 느끼게 되는 계기가 되었다. 하지만 그 절망의 순간에서 나는 다시 일어나기 위한 짤막한 글귀를 써 놓았다. '부러지지 않는 날개를 만들기 위해, 지금은 준비하는 과정이니 너무 힘들어하지 말자.'라고...

불과 스무 살 언저리에 썼던 글귀인데 어쩌면 실패와 절망 속에서 굴하지 않고 재빨리 딛고 일어나는 방법을 깨달을 수 있었던, 지금까지의 인생 경로를 만들어준 작은 불씨였다는 생각이 스쳐간다.

사회 초년기의 누구나 겪을만한 다소 평범했던 절망을 몸소 느끼고 세상을 향해 다시 일어날 즈음 남편 만두씨를 만났다. 분명 이상형은 아닌데 어느새 마음이 가 있었고, 같이 있을 때면 단순히 재미있는 것을 넘어서 항상 즐거웠던 사람이었다. 남들 다 하는 소소한 다툼도 한 번씩 겪어가며 5년이라는 시간을 보내고 5월이라는 꽃들의 계절에 맞춰 신부가 되었고, 어느 지인이 건넸던 말처럼 '단풍에 물들 듯이' 결혼 생활이 시작되었다.

어느덧 결혼 10주년이 된 지금에서 돌이켜 보면 여유롭지 못했던 삶 속에서 불쑥불쑥 생겨났던 나의 불안한 감정들이 분명히 있었는데, 결혼이라는 울타리 속에서 평생 함께할 배우자를 만나고, 눈에 넣어도 아프지 않을 소중한 자식을 키워가며, 늘상 시간에 쫓기었지만 사회적인 성장 또한 겪게 해준 직장생활까지 쉬지 않고 하다 보니 나의 불안했던 요소들은 점점 익숙해지고, 제법 너그러이 인정할 수 있는 여유로운 마음으로 흘러가 이제는 어느 정도 안정을 찾게 되었다.

나는 나의 불안한 감정과 결핍을 잘 알고 있다. 결혼하고 나서 많은 안정을 찾게 되었지만, 어느새 마흔이 가까워지는 나이에 아직도 조금은 결핍을 안고 살아가고 있다. 유복하지 못했던 어린 시절, 다른 사람과 견주어 내기에는 부족한 학벌, 대출이라는 세상의 커다란 봇짐, 또 그 이외의 여러 가지 것들, 그렇게 결승선이 보이지 않는 마라톤 같은 경주 속에서 벗어나고 싶어 발버둥을 쳤는데, 또 한 번 '단풍에 물들 듯이' 인생에 대한 깨달음을 얻게 되었다.

결핍을 피해 도망가지 않고 마주하며 인정하는 것이야말로 스스로 성장의 길로 이끄는 원동력으로 바꿀 수 있다는 것이다. 결핍의 아픈 마음을 숨기고 살아간다는 것은, 마치 거짓말쟁이가 되어 언제 들킬지 모르는 전전긍긍 속에서, 속절없이 흘러가는 시간을 야속하게만 느껴야 하는 것이니 말이다.

결핍을 잘 알고 있기에 한 번씩 가라앉은 마음에 대해서도 다시 올라갈 수 있는 탈출구를 찾아낼 수 있게 되었다. 탈출구라는 말이 거창하게 들린다. 여러 관계 속에서의 지쳤던 마음을 달래주고, 하루쯤 쉬게 해주는 것일 뿐이다.

오로지 나를 위한 영화 한 편을 보고, 달콤하고 부드러운 바닐라라테 한 잔을 사서 마시고, 좋아하는 서점에 가 따뜻한 구절을 만나고, 가끔 화원에 가서 햇살 가득 머금은 초록의 식물을 들이는 일. 고작 이런 일로 나는 다시 세상에 발을 내딛고 이제는 결승선이 조금씩 보이기 시작해, 멈추지 않고 달려볼 수 있는 바통의 힘이 생겨난다.

두려워하지 않기로 한다. 나에 대해 잘 알고 있다는 마음만 알아차린다면 세상의 힘듦과 절망이야말로 오히려 나를 두려워한다는 것을 느끼게 된다. 세상 사는 모양이 제각기 달라도 나는 나를 알아주는 방법으로, 어둡고 습했던 절망과 결핍의 경계를 허물게 되어 어느 나이쯤에는 아마도 호연지기로 설 수 있으리라 기대해 본다.

온전한 휴식

분주했던 주말이 지나고 월요일이 돌아왔다. 별일 없이 걸려 온 친구의 점심 약속을 잠시 고민해보고는 이내 며칠을 미뤄본다. 그제야 마음이 한결 놓인 나는 집 안 곳곳 주말 동안 가득 쌓인 흔적들을 말끔히 치운다. 마음이 다시 원래의 자리를 찾고는 그제서야 평온해진다.

회사 일에 지치거나 사람 관계에 지칠 때면 한 번씩 온전한 휴식을 찾는다. 나의 휴식은 아무것도 하지 않는 그대로 쉼이 되질 못한다. 가장 먼저 환기를 시킨다. 미세먼지가 좋은 날이면 그렇게 반나절쯤 온 집안의 창문을 활짝 열고 맑은 공기를 집안 곳곳으로 들인다. 환기만 했는데도 지쳤던 마음이 이내 순환이 된다.

그리고는 어김없이 청소를 시작한다. 청소기를 돌리고 바닥을 닦아 내는 일은 마치 복잡했던 머릿속을 말끔히 치워주는 기분이 들게 해준다. 그렇게 마음 내킨 날에는 화장실 청소에 미뤄뒀던 옷장 정리, 책장 정리까지 끝낸다. 바닥이 보일듯했던 마음에는 이상하게도 그때부터 다시 온기가 차기 시작한다.

집안 곳곳이 말끔해지면 그동안 머릿속에서만 맴돌던 일을 하나둘 꺼내는데, 며칠 전 친구가 주고 간 오이를 꺼내 오늘은 숙제를 끝내보기로 한다. 베이킹소다를 풀어 깨끗이 돌려가며 구석구석 씻고 꼭지를 다듬어 너무 얇지 않게 아삭한 식감이 맴돌 정도의 크기로 송송 썰어낸다. 그리고는 냄비에 반 정도 물을 담아 소금, 설탕, 식초를 눈대중으로 들어붓고는 새로 산 피클링 스파이스를 솔솔 뿌려 배합 초를 만들어준다. 송송 썰어두었던 오이는 끓는 물로 소독한 유리병에 조금의 여유도 없이 꽉꽉 채워 담고 펄펄 끓인 배합 초를 찰랑찰랑 부어 열리지 않게 뚜껑을 단단히 돌려 닫아준다. 그렇게 오이는 몇 달을 두고 먹어도 좋을 만한 든든한 피클로 새 이름을 얻는다.

어느새 진한 노랑 빛 가득 담긴 오후의 햇살이 거실 통창으로 줄지어 쏟아진다. 보금자리를 찾고 새 옷을 입은 오이피클의 유리병에도 그 햇살이 머금는다. 오이를 가득 담은 초록빛 유리병이 여유롭게 반짝인다.

에너지가 바닥을 치기 전에 휴식을 찾아야만 다시 빠른 속도로 충전이 되고는 한다. 나에게 온전한 휴식은 아무것도 하지 않는 쉼이 아니다. 소파에 누워 이리저리 리모컨을 돌려가며 의미 없는 실소를 보내도 시간은 흐르고, 집을 말끔히 정리하고 하고 해야 하는 일들을 꺼내 평소보다는 조금 더 여유로운 마음으로 챙기며 하루를 보내도, 시간은 똑같은 속도로 흘러간다.

오늘 지나간 시간은 내일 돌아오지 않는다. 쉼의 대한 생각은 저마다 다를 수 있다. 세상 편안한 자세로 누운 채 천장을 바라보며 의미 없는 실소를 맞이해도 상관없다. 그러나 매일 돌아오지 않는 오늘의 소중한 휴식만큼은, 계획된 마음으로 소중히 보내야 한다. 집을 정리하고 미뤄뒀던 일을 끝내기만 해도 복잡했던 생각이 정리된다. 그리고 나면 한가득 어질러졌던 마음도 이내 깨끗이 청소된다.

캠핑, 소중함을 일깨워주는 시간

강둑에 달라붙어 있던 얼음이 녹아내리고 제법 매서운 꽃샘추위마저 꺾여 연둣빛 계절이 시작되면, 우리 세 식구는 산으로 들판으로 꽃 따라 물길 따라 캠핑을 떠난다. 밖에서 보내는 하룻밤을 위해 짐을 꾸리는 수고스러움은, 오로지 밖에서만 즐길 수 있는 여유와 사색에 못 이겨 어느덧 그 자취를 감추고 말았다.

나는 내키지 않는 일은 하고 싶지 않다. 즉흥적인 여행보다 계획적인 여행을 좋아하고, 무엇이든지 예상이 가는 선 안에서 움직이고 싶은 성격이라 캠핑이라는 야생은 도무지 내키지 않았다.

그런데 아이가 태어나 몇 해가 흐르고 나니 대부분의 시간과 환경을 아이 중점으로 맞추어야 한다는 것을 알았다. 남편 만두씨는 몇 년 전부터 캠핑이라는 풍경을 기대하며 살고 있었지만 나는 버틸 수 있는 만큼 버티고 있던 해였다. 그해도 봄이 지나고 연둣빛 계절이 돌아오는 시기였는데, 어린이집에서 친구들과의 나누었던 대화를 듣던 중 아이의 입에서 갑자기 캠핑 가고 싶다는 말이 흘러나왔고, 버틸 수 있는 만큼 버텨보았던 나는 더 이상 어쩔 수 없이 그날 저녁부터 수십 가지의 텐트를 고르다 잠이 드는 날들이 시작되고 만다.

다소 어설펐던 첫 캠핑은 텐트를 치는데 만 두 시간이 걸렸다. 바람이라도 세게 불면 왠지 날아갈 것 같은 어설픈 텐트를 치고 나서야 남들처럼 의자에 앉아 사이좋게 맥주 한 캔씩을 마셔 본다. 두 시간의 고생으로 땀범벅이 된 몸과 마음이 계곡의 물줄기 소리와 초록의 나무 사이로 불어오는 바람 덕분에 금세라도 뽀송하게 마를 것처럼 힘듦을 잊게 하는 그야말로 청량함 가득한 맛이었다.

어설픈 텐트를 비웃기라도 하는 듯 청량한 쾌감은 맥주 한 캔을 마저 비워내지 못하고 끝이 났다. 계곡의 물줄기가 제법 거칠어지더니 나무 사이로 잔잔했던 바람은 매서워지고 이내 빗줄기가 시작되는 것이 아닌가. 그렇게 첫 캠핑은 다음 날 지역 뉴스에 실릴 뻔한 범람하기 직전의 계곡 옆 우중 캠핑이 되었고, 우리는 뜬눈으로 밤을 지새웠다. 그런데 그 와중에 빗줄기가 쉴 새 없이 들이닥치는 텐트 안에서 나와 만두씨는 남들이 하는 감성을 즐겨보겠다며 아이가 깰까 봐 들릴 듯 말 듯한 소리로 음악을 줄여놓고 쏟아지는 빗소리를 박자 삼아 밖에서 마저 넘기지 못한 맥주를 마셨으니 처음 겪는 우중 캠핑에 반쯤은 정신줄이 나갔었는지도 모른다.

이제는 십 분이면 텐트를 치고 십 분이면 텐트를 접는다. 그동안 우리는 봄을 시작으로 늦은 가을까지 이어지는 주말 틈틈이 캠핑 다닐 수 있었고 덕분에 자연에서 마주하는 소중한 추억들을 가득 얻었다. 그러는 사이 어느새 캠핑이 주었던 야생의 낯섦은 온데간데없이 사라지고, 새로운 풍경을 마주하는 일들이 그저 설렘으로 변해갔다.

짙었던 녹음이 지나고 저마다 고운 색 자랑하는 가을날의 캠핑은 더할 나위 없이 근사한 선물을 선사해주고는 한다. 제법 선선해진 바람은 동글동글 이름 모를 나뭇잎들을 춤추게 하고, 나는 거기에 어울릴만한 잔잔한 음악을 켜놓은 채 저녁거리를 짓곤 한다. 어느새 뉘엿뉘엿 져가는 저녁 하늘의 파스텔 빛 색감마저 더해진다면 더 이상 우리는 아무 말도 필요 없다. 가장 소중한 사람들과 함께하는 이 근사한 장면이야말로 캠핑이 가져다주는 영화의 한 장면인 것을 알고 있으니 말이다.

나의 강의

스물일곱이 되던 해였다. 회사의 신생팀이 생기는 바람에 타지로 발령이 나 근무하던 때였는데, 그 당시 나의 직업은 '강사'였다. 고작 강사 2년 차의 새내기나 다름없었지만 어느새 서서히 강사라는 직업에 스며들고 있을 때였다.

아는 것보다 모르는 것이 많던 시기였다. 강의나 교육 일정이 잡히고 나면 교안부터 만들고는 했는데, 나에게는 피곤한 습관이 있었다. 본사에서 내려온 교안을 가지고 그대로 해도 상관이 없는 교육이었지만, 나는 항상 나만의 색깔로 교안을 수정해서 진행하고는 했다. 그날은 교안 수정에 공들였던 날이었고, 그래서인지 시작부터 매끄럽게 흘러갔다. 그리고 이해하기 어려운 내용을 나의 색깔로 만들어 전달하는 순간, 강의를 듣는 스무 명 남짓의 청강생들이 모두 하나같이 수긍한다는 표정으로 고개를 끄덕이는 것이 아닌가? 아마도 그때 였던 것 같다. 강의하면서 희열을 느끼는 순간을 마주한 것을.

회사의 조정이 있었다. 나는 더 이상 강사라는 직업이 아닌 마케팅 매니저라는 직업으로 근무하게 되었는데, 오로지 강의에만 전념할 수 없는 현실에 처음 몇 년간은 괴리감에 빠져 지낸 시간이 있었다. 그러면서 강의에 대한 열망은 계속 남아 있었고, 다행히 마케팅 매니저를 하면서도 사내 강사라는 타이틀을 얻을 기회가 있어 적극적으로 활동하게 되었다.

별안간 나는 고민에 빠졌다. 회사에서만 하는 강의가 아닌 진짜 나만의 강의하고 싶은 것을 인생의 목표로 설정하고 나니 목표까지 가는 경로에 대한 고민이 시작된 것이다. 강의라는 것은 어떤 분야에 전문적인 지식이나 경험을 토대로 이루어지는 경로가 많기에, 강의를 할 수 있는 사람이 되기 위한 궁리를 해보는 날들이 점점 늘어갔다.

아이가 초등학교 입학하면서 나는 6개월이라는 육아휴직을 내기로 한다. 휴직을 한 달 정도 앞두고 있던 때, 평소와 다름없는 퇴근길에 발견한 아파트 엘리베이터 게시판의 모집공고가 시선을 잡는다. 주민센터에서 운영하는 '어르신 스마트폰 활용 강의'를 진행할 수 있는 강사를 모집하는 공고였고, 다름 아닌 10년 넘게 통신회사에 근무하며 강의 경력이 있는 나에게는 최적화된 모집공고였다.

　휴직 3개월 차인 지금, 나는 매주 금요일마다 평균연령 75세의 어르신들에게 스마트폰 강의를 진행하고 있다. 처음에는 두려움이 컸다. 고작 60대인 엄마 아빠에게 간단한 기능 하나 알려주는 것도 버거웠는데 과연 내가 잘할 수 있을까? 자기 계발의 욕심만 앞서 현실적인 판단이 잘못된 건 아닐까? 못한다고 할까? 하지만 나는 나를 잘 알고 있었고, 시작하기 전 두려움은 많아도 수강생 평균연령의 반 정도는 넘은 나이를 사는 동안, 하고 싶었던 일은 잘 해냈던 성격이었으니 말이다.

　나는 이렇게 강의하고 있다. 수강생들의 나이가 조금 많은 것 외에는, 누구보다 잘 할 수 있는 나만의 강의를 하고 있다. 그리고 또 하나의 감사한 일은 나이 지긋하신 수강생들에게 하루하루 배워가며 생각의 키가 자라고 있다. 이렇게 이번 강의가 끝나고 나면 더 큰 세상으로 나가는 방법을 배울 수 있을 것 같다. 그리고 시간이 더 흐르고 나면 청중의 나이를 일일이 헤아리지 않아도 함께 울고 웃으며 마음을 나눌 수 있는 따뜻한 강의를 할 수 있기를 바란다.

미라클 모닝

새벽 5시 30분, 미라클 모닝을 하기 위해 기상하는 시간이다. 일어나자마자 가장 먼저 하는 일은, 창문을 열어 아직 동이 트지 않은 푸르스름한 하늘의 풍경을 바라보는 일이다. 깜깜했던 하늘은 본연의 색을 드러내기 위해 조금씩 어둠을 벗어낸다. 어둠 속에서 해가 떠오르기 시작하면, 하늘 끝에서 시작되는 짙은 남색의 빛은 산자락에 맞닿기 위해 붉은색의 물감을 타는데, 그 색감이 오묘하고 신비한 새벽의 그라데이션을 선사한다.

서른일곱이 되던 새해 아침, 남들만큼 분주하고 열심히 살고 있는데 이상하게도 계절이 바뀔 때마다 한 번씩 밀려오는 공허함과 우울한 기분을 떨쳐내는 데 시간을 쏟는 일이 생기곤 했다. 난데없이 내가 안쓰러워지기 시작했다. 대학 졸업 후 이제껏 쉬어본 적 없이 열심히 일해 가며 가정을 꾸려왔다. 분명 완벽하지는 못했을 것이다. 그러나 왜인지 쉴 틈 없이 더욱 매섭게 몰아치기도 했던 지난날들이 주마등처럼 스쳐 지나면서 뜻 모를 눈물이 왈칵 쏟아지기 직전이었다. 이대로 눈물을 쏟고 나면 그대로 주저앉아 펑펑 울 것만 같아 호흡을 크게 하고 그대로 소파에 누웠다.

'안되겠다. 나의 소리를 들어야겠구나.' 소파에 철썩 눕고 나니 갑자기 마음의 소리가 귓가를 맴돌기 시작하면서 하고 싶은 일들이 무엇인지 생각해 본다. 딱히 떠오르지 않는다. 남들이 하니까 나도 해야 하는 그런 일 말고, 내가 정말 해보고 싶은 것들을 찾아내고 싶었다. 내가 어떤 일을 마주할 때 나는 행복해지는가를 생각해 본다. 책 읽기, 음악 듣기, 식물 기르기, 그리고 손으로 만들어 내고 하는 일들이다.

워킹맘으로 살면서 퇴근 후 저녁 시간을 나에게 투자한다는 것은 현실적인 장애물이 너무 많다. 퇴근 시간을 뚫고 시댁에서 아이를 챙겨 집으로 와서 씻기고 먹이고 치우기만 해도 아홉 시가 되는 날들이 일상이었다. 그렇게 다시 집으로의 출근 후 야간 조를 끝내고 나면 푹 쉬어버린 파김치 마냥 더는 아무것도 하고 싶지 않은 기분으로 서둘러 잠들기 일쑤였다.

아무리 생각해보아도 저녁에는 답이 없다. 그런데 언젠가부터 새벽 네다섯 시쯤이면 저절로 눈이 떠져 시간을 확인하고는 다시 부족한 잠을 청하는 날들이 많아지기 시작했다. 그래봐야 일곱 시까지는 눈만 감고 아쉬운 마음으로 누워있는 것이 다였다. 그제야 뾰족한 수가 뇌리를 스쳐간다. '아, 저녁에 못 하면 새벽에 일어나야겠구나.'

알람을 맞춰놓고 새벽 다섯 시 반에 일어났다. 고작 한두 시간 이른 시간인데도 침대에서 일어나 몸을 일으켜 세우는 것까지 많이 버거웠다. 거실로 나가보니 온통 어둠이 짙게 깔려있다. 동이 터오는 동쪽의 베란다로 나가 창문을 열어본다. 어스름한 하늘에 아파트 가로등 불들이 차분한 인사를 건네 온다. 어쩌면 살면서 몇 번 보지 못한 풍경이라 서둘러 휴대폰 사진으로 담아본다. 세 식구 중 혼자만 일어났으니 집에는 고요한 적막이 흐른다. 으슬으슬한 몸을 녹이고 싶어 따뜻한 보리차를 한 잔 가득 마셔본다. 보리차의 고소하고 따뜻한 기운이 몸속으로 퍼지면서 움츠렸던 몸이 긴장을 풀어놓는다.

음악이 흘렀으면 좋겠다. 새벽 풍경에 어울리는 음악을 찾아 잔잔한 뉴에이지 연주곡을 틀어놓고, 매번 사놓기만 하고 반절도 읽지 못했던 책들을 꺼내 조용히 몇 장 넘겨본다. 평소에는 한 장 읽어 내리는 것도 버거웠는데 새벽 시간의 독서는 거뜬히 챕터 하나를 읽어 낸다.

따뜻한 보리차 한 잔과 새벽을 어우르는 잔잔한 음악과 그동안 읽지 못했던 책을 읽어 내리는데 가슴속 깊은 곳에 사는 진짜의 나는 울기 시작한다. 책의 내용이 슬펐던 것은 아니다. 고작 조금 일찍 일어나 몸을 녹이고, 마음을 보듬어주는 음악을 듣고, 읽고 싶었던 책을 몇 장 읽었을 뿐인데 나는 왜 울고 있는 것일까. 서러웠던 것일까, 아니면 이제야 진짜의 나를 꺼내줘서일까? 서러웠던 마음이 먼저였으리라. 그다음은 누군가의 아내도 엄마도 아니고 승진에 매달리는 워킹맘도 아닌, 진짜의 나를 찾아서였는지 모른다.

짙은 어둠이 가라앉고 푸르스름한 하늘이 열리기 시작한다. 좋아하는 것 많고 하고 싶은 것 많았던 어린 소녀가 동이 터오는 새벽길을 걸어간다. 총총 발걸음을 내디디며 문득 하늘을 올려다본다. 올려다본 하늘 끝 산자락에는 말갛게 씻은 고운 해가 얼굴을 비추기 시작한다. 소녀는 이윽고 다시 이어 길을 걸어간다. 고운 해는 얼굴을 마저 드러낼 때까지, 소녀의 길을 말갛게 비춰 준다.

미라클 모닝을 하며 얻은 것

　새벽에 일어나 주로 했던 일은 동이 터오는 푸르스름한 새벽 풍경을 찍는 일이었다. 그리고서는 여유롭게 식탁에 앉아 아침을 먹고, 따뜻한 차 한 잔을 마시며 책을 보고 식물에 물을 주고는 했다. 그리고 그 모습들을 사진으로 찍어 종종 SNS에 올리고는 했다. 스스로 대한 루틴을 인증하는 과정이기도 했지만, 그럴싸해 보이는 모습이기에 사람들의 인정도 필요했던 것 같다.

　그렇게 미라클 모닝은 어느새 루틴이 되었고, 매일은 아니더라도 일주일에 3~4일씩 꾸준히 해 나갔다. 퇴근을 준비하는 어느 날이었다. 모르는 번호로 전화가 걸려 오는데 왠지 받고 싶은 번호였기에 망설임 없이 받고 말았다. 그 전화는 다름 아닌 내가 사는 아파트 본사에서 운영하는 매스컴인데 우리 집을 촬영하고 싶다는 연락이었다. 나는 잠시 고민하기는 했지만 흔쾌히 촬영을 승낙하였다.

그 매스컴은 전국 각지의 잘 꾸며진 아파트를 찾아 장점을 소개하며 집 안팎의 라이프를 소개하는 매력 있는 곳이었다. 내가 흔쾌히 승낙할 수 있었던 것도 미라클 모닝을 시작하고 얼마 되지 않아 SNS에 게시했던 아파트의 새벽 풍경 사진에 대해 인터뷰하고 싶다는 연락을 받은 적이 있었기 때문이다. 그러면서 아파트의 매거진을 알게 되었고, 매달 주제에 맞는 집을 찾아 촬영하는 것도 알고 있었다. 잘 꾸며놓은 다른 집들을 구경하면서 집에 대한 애착이 강했던 나는 우리 집도 멋지게 잘 꾸며서 촬영해 보고 싶다는 생각을 가져보기도 했는데, 아마도 그때 속삭였던 혼자만의 바람은 이제껏 살아오면서 한 번씩 떠올렸던 버킷리스트 중 하나이기도 했다.

제일 먼저 머릿속으로 생각만 하던 것을 실행에 옮기기 시작했다. 그중 주방 타일을 바꾸는 일을 몇 개월째 고민만 하고 있었는데 그것 또한 바로 바꿀 수 있었고, 내년이면 초등학교에 입학할 아이의 방도 미리 꾸며 주었다. 그리고 내가 그동안 SNS를 통해 집에 대한 이미지를 어떤 것을 소개했는지 다시 차근차근 보았다. 식물의 기록이 많았다. 지금까지도 식물들을 꾸준히 기르고 있었기에 하나하나 정성들인 식물들이 더욱 잘 보일 수 있도록 한곳으로 모아놓는 일도 했다.

청명했던 10월의 끝자락 즈음에 촬영이 진행됐다. 때마침 단풍이 예쁘게 물들어 있어 아파트 조경의 아름다움을 담아낼 수 있었고, 전날까지 깨끗하게 정리해놓은 집안의 풍경도 셔터에 맞춰 가지런히 담겼다. 인터뷰 질문지는 사전에 받았기에, 미리 준비했던 대로 서슴없이 말할 수 있었고, 무엇보다 나의 애착이 깃든 집안 곳곳의 모습과 세 식구의 자연스러운 영상이 남겨지는 것이 너무도 즐거웠다.

고작 새벽에 일어나 동이 터오는 풍경을 담고, 차를 한 잔 마시며 책을 읽고, 식물에 물을 준 것이 다인데, 매스컴에 실린 나는 멋져 보이는 사람이 되어 있었고 집 안팎의 풍경들이 가치를 더해 주었다.

어린 시절 작은집에 살면서 꿈만 꿔오던 날이 이루어진 순간이었다. 그리고 나는 그때부터 알아차릴 수 있었다. 무엇인가 '하고 싶다'라는 생각의 시작으로 발을 내딛고 꾸준히 몰두하고 있다면 어느 순간 그 꿈을 이룰 수 있는 마법이 만들어진다는 것을, 다시 한 번 미라클모닝을 통해 이렇게나 오롯이 알게 되었다.

미라클 모닝을 하는 세 가지 방법

새벽 5시 30분에 일어나 책을 읽고 글을 쓴다. 처음 시작할 때는 음악을 듣고 느긋하게 밥을 먹는 것이 다였다. 점차 새벽의 시간을 더욱 밀도 있게 보내고 싶어진 나는 낮에는 시작하기 어려운 것들을 새벽에 하기 시작했고 그 시간이 모여 나의 하루를 조금 더 멋지게 빛내 주고 있다.

나는 미라클 모닝을 할 때 새벽 풍경을 찍어 인스타그램 스토리라는 SNS에 기록을 남기고는 하는데, 그 기록들 탓에 주변에서 많이들 하는 질문이 있다. 도대체 몇 시에 자길래 새벽에 일어날 수 있는지, 깜깜한 새벽에 일어나서 무엇을 해야 하는지, 매일매일 빼먹지 않고 하는지, 대한 질문들은 사람들만 바뀔 뿐 같은 대부분 같은 맥락의 궁금증으로 이이진다.

미라클 모닝이라는 말은 아마도 유명 강사의 루틴에서 비롯된 프로그램에서 나온 단어인 듯하다. 나는 새벽이 주는 힘을 믿어보고 싶었고 자연스레 미라클 모닝이라는 단어를 익숙한 듯이 쓰기 시작했다. 정해진 방법은 없지만 주변 질문에 대해 정리해보기로 한다.

1. 몇 시에 자고 몇 시에 일어나는지?

- 나는 대체로 일찍 자는 편이다. 아이가 태어나고 나서는 아이를 재우면서 같이 잠드는 일이 많아졌고, 평소에도 최소 6~7시간 이상을 자고 나야 피곤을 느끼지 않는다. 그래서 계산해보니 10시 정도에는 잠이 들어야 충분한 수면을 할 수 있기에 늦어도 11시 전에는 자려고 노력한다. 그렇게 되면 다섯 시 정도부터 눈이 떠지기 시작해 조금 뒤척이다 다섯 시 30분 되기 전에 기상을 한다. 중요한 건 수면을 억지로 줄이면 안 된다는 것이다. 늦게 자는 습관 때문에 일찍 일어나는 것이 어렵다면, 처음 몇 번은 억지로 새벽 기상을 해서 긴 하루를 보내고 나면 일찍 잠드는 일도 따라올 것이다.

2. 새벽에 일어나 무엇을 해야 하는지?

- 내가 처음 미라클 모닝을 하기로 결심하게 된 이유는 어느 순간 남편보다 뒤처져가는 삶의 악순환에서 벗어나고 싶은 마음에서 시작됐다. 남편은 퇴근하고 와서 새벽 한두 시까지 인터넷 강의를 듣거나 공부하기 시작했다. 직장에서도 인정받아가며 자기 계발에 몰두하는 모습에 내심 배가 아팠다. 하지만 아이를 재우다 잠들기 일쑤인 나는

늦은 밤을 활용하는 데는 엄두가 서질 않아 새벽에 일어나기 시작했다. 처음에는 새벽 기상 자체에 만족했으며, 점차 내가 하고 싶었던 일들을 하나둘 하기 시작했다. 따뜻한 차를 한잔 마시고 잔잔한 음악을 듣고 새벽 풍경을 감상하는 일들로 시작해 자격증만 따놓고 써보지 못했던 캘리그라피 연습을 하기도 했고 평소 사두기만 했던 책들을 읽기 시작했다. 책을 읽을 때는 챕터가 구분되어 있다면 두세 편의 챕터를 읽었고 덮어두기 아쉬운 날에는 다섯 편 정도를 읽기도 했다. 그리고 휴직하고 나서는 글을 쓰기 시작했는데 가장 집중 잘되는 일이기도 하다. 그럴 수밖에 없는 것이 밤에 하는 사색과 새벽에 하는 사색은 색깔 자체가 확연히 다르다. 밤에 하는 생각은 잡념들이 쉴 새 없이 파고든다. 하지만 새벽에 하는 생각은 해야 할 일들을 순서에 맞게 명확히 짚어내 준다. 그래서 새벽에 쓰는 글은 속도가 빠르며 군더더기 없이 매끄럽다.

3. 매일매일 빼먹지 않고 하는지?

  - 미라클 모닝을 하기로 결심했을 때 가장 먼저 세운 기준은 매일 하지 않는 것이다. 회사 다니며 아이를 챙기는 일조차 버거웠기에 처음에는 일주일에 하루만이라도 해보자는 마음으로 시작했고, 회식이 있는 다음날은 애초에 하지 않기로 했다. 그렇게 일주일에 하루로 시작해 컨디션 좋고 회식 일정이 없는 주는 4일씩 하기도 했다. 지금까지도 꾸준히 할 수 있는 비결이기도 하다.

굳이 왜 해야 하는 물음들이 많다. 필요치 않으면 하지 않아도 된다. 다만 내가 과연 지금 잘 살고 있는지에 대한 물음들이 들기 시작해 마음이 힘들다면, 한 번쯤은 새벽의 기운을 믿어보라고 권해 주고 싶다. 소용이 없을지도 모르겠지만 새벽에 일어나 느긋하게 밥이라도 먹고 단지 동이 터오는 하늘의 풍경만 바라봐도 하루를 시작하는 마음의 에너지가 이미 꽉 찬다는 것을 느낄 수 있을 것이다.

그렇게 하루가 지나고 여러 날이 채워진다면 언젠가 우리는 분명, 괜찮을 인생을 살아 갈 수 있으리라 생각한다.

괜찮은 인생을 살고 싶어

인 쇄	2023년 9월 13일
발 행	2023년 9월 18일
지은이	신 서 윤
인쇄처	도서출판 한솔
	충북 청주시 서원구 모충로145번길 5-6(사직동)
	전화 : 043) 264-3079
	등록 제아32호(1987년 12월 3일)

ⓒ 신서윤, 2023

ISBN 978-89-91475-62-5 (03810)

값 13,000원

* 지은이와 협의하여 인지는 생략합니다.
* 이 책 내용의 전부 또는 일부를 재사용하려면 반드시 지은이와 도서출판 한솔 양측의 농의를 받아야 합니다.
* 이 책은 청주시 1인 1책 펴내기 운동 기금을 일부 지원 받아 발간하였습니다.